覃浩　林楷东　张勇军　编著

INTELLIGENT SCHEDULING FOR CUSTOMER SERVICE

客户服务智能调度

图书在版编目（CIP）数据

客户服务智能调度 / 覃浩，林楷东，张勇军编著．—北京：中国电力出版社，2024.8
ISBN 978-7-5198-8901-2

Ⅰ.①客…　Ⅱ.①覃…②林…③张…　Ⅲ.①电力工业－工业企业管理－销售管理－中国
Ⅳ.① F426.61

中国国家版本馆 CIP 数据核字（2024）第 106993 号

出版发行：中国电力出版社
地　　址：北京市东城区北京站西街19号（邮政编码100005）
网　　址：http://www.cepp.sgcc.com.cn
责任编辑：岳　璐（010-63412339）
责任校对：黄　蓓　于　维
装帧设计：王红柳
责任印制：石　雷

印　　刷：三河市万龙印装有限公司
版　　次：2024年8月第一版
印　　次：2024年8月北京第一次印刷
开　　本：787毫米×1092毫米　16开本
印　　张：10.75
字　　数：209千字
定　　价：50.00元

INTRODUCTION 前言

客户服务作为企业与客户沟通的重要桥梁，是接触客户的第一线，发挥着越来越重要的作用，其运营管理模式也需要随着社会经济发展不断更新。在互联网场景下客服需求高速增长，高度的不确定性、发展的快速性成为其显著特征，因此也给电力客户服务带来了巨大的挑战。目前常被使用的服务调度方法仅以业务需求驱动模式为主，只能被动服务客户，缺乏有效先进的技术手段支撑“需求+数字”双驱动的主动服务调度工作模式。为此，本书开展基于知识驱动的服务调度优化模型研究。

随着科技的不断发展和社会的进步，客户服务体系逐渐转向智能化和数字化。企业在确保基本服务的同时，也逐渐注重提升客户服务质量，满足客户不断增长的需求。客户服务智能调度作为一种新兴管理手段，结合了人工智能、大数据分析等先进技术，为供电企业提供了更高效、更智能的服务方式。通过智能调度，企业可以更好地理解客户需求，实现客户服务的个性化定制，并优化资源配置，提高工作效率。智能调度还有助于发现问题和潜在风险，及时做出调整和改进，提升整体服务水平。客户服务智能调度作为一种先进的管理手段，将人工智能、大数据分析等技术与供电服务紧密结合，为客户提供更加便捷、高效的服务。本书旨在全面阐述客户服务智能调度的理论和实践，探讨其在现代供电服务体系中的应用，为相关从业人员和学者提供有益的知识与指导。

本书第1章为概述，第2～8章的内容分为三大部分。第一部分（第2、3、4章）提出基于知识驱动的用能服务需求预测方法。引入自动编码器对数据进行降维处理，采用聚类方法对样本进行相似性搜索，根据用户行为特征进行分类，从而实现基于用户行为模式的精细分类，构建OvR（LightGBM）需求预测模型，得到每个特征重要性排序，构建基于AM-BiLSTM的神经网络模型，将新的特征组合作为输入，以此完成模型训练。第二部分（第5、6章）介绍话务量预测方法。进行话务量影响因子分析，采用曲线分解技术对日话务量进行分解，通过分析分解结果可以获得关于话务量的趋势和季节性变化的相关信息，进一步了解话务量的特点和规律，分解后进行话务量预测，根据实际需求和数据情况，选择适当的预测方法和模型进行研究。第三部分（第7、8章）介绍“需求+数字”双驱动的主动服务调度模型。分析用户需求类别与话务类别数据现有分布特征；构建基于服务时长的座席技能评定模型，根据人员对指向技能的业务能力匹配话务；建立涵盖技能需求种类与服务技能水平的座席标签；构建考虑繁忙度的业务推送模型，安排部分座席人员向潜在用户主动推送增值服务业务；构建“需求+数字”双驱动服务调度模型，以服务时长为主要因素建立目标函数并做相关约束进行求解。

本书撰写过程中借助了最新的研究成果和实践案例，力求将知识传递得简洁明了，结合实际应用场景，使读者能够轻松理解并应用其中的知识。希望通过本书的努力，能够为客户服务智能调度提供有益的参考，推动客户服务行业向着更加智能化、高效化的方向迈进。愿本书能成为读者在探索客户服务体系的智能调度领域时的得力伴侣，为客户服务行业的发展与进步贡献一份微薄之力。

本书第1、2章主要由林楷东执笔，第3、4章主要由章春锋、苏立伟执笔，第5、6章主要由覃浩执笔，第7章主要由蒋崇颖、康峰执笔，第8章主要由徐智鹏、伍广斌执笔，全书由覃浩、张勇军负责统稿、审核，林楷东、蒋崇颖负责修改校订。此外，谭火超、雪映、成润婷、张纳川、沈泽锋、卢洪鑫等参与了部分章节的撰写或校核。

本书得到了国家自然科学基金项目“低压配电网拓扑智能辨识的模型及其灰数据影响机理研究”（52177085）和中国南方电网有限责任公司科技项目“现代供电服务体系下基于知识驱动的服务调度优化模型研究”（036800KK52220003）的资助，在此深表谢意。

由于作者水平有限，书中难免存在不妥之处，还望读者不吝赐教。

编者

2023年8月

CONTENTS 目录

4 基于知识驱动的服务需求预测模型

5 话务数据预处理及话务量影响因子分析

6 基于STR分解话务量预测

7 客服人员座席标签制定研究

8 “需求+数字”双驱动服务调度模型研究

1 概述

进入21世纪，市场竞争日趋激烈，以客户为导向的服务理念和运营思维得到越来越多企业的认同，客户满意度的提升被放在首要位置，客户资源已被认为企业最重要的核心资源之一。同时，近年来，大数据作为流通在人机物三元融合空间中的“血液”，致力于推动三者有机结合，并积极衍生出多维度、个性化、前瞻性精准服务。目前，随着国家大数据战略不断推进与深入实施，数字强国、网络强国建设成效显著。2020年，我国大数据产业规模突破1万亿元，“十三五”时期年均增速高达 28.14%。以大数据背景为支撑的相关产业作为国家新兴战略性布局产业，使客户服务得到快速发展，同时也对智能调度等技术的高效应用提出了更高的要求。

当今，客户服务体系的业务种类和客户需求的复杂程度大大增加，业务范围持续扩大，传统服务调度体系、话务量预测技术和排班方式已不能满足客户服务的服务质量要求。在过去几年里，许多研究者和企业开始关注如何利用人工智能技术来改进客户服务调度。其中包括利用机器学习算法进行预测分析，从而更准确地预测客户需求，以及利用优化算法来实现资源的有效分配。例如，基于大数据的模型可以分析历史数据，识别客户需求的模式，并为客户服务人员分配适当的任务，以降低等待时间和提高效率。此外，还有研究专注于开发智能机器人或虚拟助手，以处理常见的客户问题，从而减轻人工客户服务的压力。高效的客户服务体系可有效帮助企业提高效率，降低企业客户服务成本；提高客户的满意度和忠诚度，为企业赢得良好的口碑效应，树立企业良好的品牌形象，从而有助于扩大企业的业务量和盈利能力。相反，低效率的客户服务体系会导致客户满意度降低，造成企业客户流失，进而影响企业业绩。由此能看出，在现代技术发展的背景下加强开展客户服务智能调度的模型与策略的研究，对于行业的良好发展等方面具有十分重要的作用和现实意义。

本章初步分析了客户服务中心概念、客服人员排班调度面临的问题和挑战、现有客户服务调度的技术、人工智能技术在客户服务智能调度的应用，以及现代供电服务体系研究，为后续进一步的研究奠定了相应基础。

1.1 客户服务中心概念

客户服务中心是客户服务的核心，客户服务中心的运作管理研究主要分为客户服务需求预测、话务量预测和排班优化三大部分。

客户服务中心起源于20世纪30年代左右。传统意义上，客户服务中心是指为客户提供各种电话响应服务的客户服务响应中心，以接入电话为主。在最初阶段，客户服务中心是为了将用户的客户服务转移到应答台或者专家处而设立的。后来，由于客户服务和应答数量不断增加，人力无法及时应答所有的客户服务，一个交互式语音应答系统因此被建立了起来，该系统可以由机器"自动话务员"来对一些常见的客户问题进行简单的应答和处理。

客户服务中心模式起源于美国，世界上第一家客户服务中心是由美国泛美航空公司于1956年建成的。随后，迅速在电信、金融等行业推广。20世纪80年代，客户服务中心已经广泛地应用于欧美等发达国家的电信企业、银行金融企业、航空公司等领域。发达国家的经济发展模式和商业成熟度，使得这些国家的客户服务中心获得了较好的发展机会，代表国家有美国与日本，这两个国家的客户服务中心不仅数量庞大，运营模式也非常成熟，成为我国客户服务中心发展的重要参考。客户服务中心的发展大致可以分为人工热线电话系统、交互式自动语音应答系统、融合自动语音和人工服务的客服系统、网络多媒体客服中心、全业务支撑平台客户服务中心五个阶段。

20世纪90年代中后期，随着我国经济蓬勃发展，客户服务中心概念传入国内。客户服务中心与现代信息技术相结合，可以高效地利用企业通信资源，使企业以较低的成本快速地建立起客户服务系统。如今，客户服务中心已经架起了企业与客户之间的桥梁，如零售、通信、金融、交通、地产、旅游等行业，与人民群众的日常生活息息相关。

中国的客户服务中心产业正逐渐向系统化与成熟化发展，呈现分散向集群化发展、人工向智能化发展、市场主导向政府市场相结合发展等趋势。目前，客户服务中心在我国各个领域的应用尚处于试点阶段，其中电信领域所占的市场份额达到2/3，为主要应用；美国客户服务中心市场中的电信部门份额仅占1/10左右，而约70%的应用集中在金融行业。因此，我国的客户服务中心市场仍有较大的发展空间，客服人员排班调度作为客户服务中心的一项重要工作，对客户服务中心的提升起到极为重要的作用，需要重点关注与研究。

1.2 客服人员排班调度面临的问题和挑战

随着客户服务体系的发展，目前的服务调度优化模型已不能满足企业与客户双方的需求，经济结构调整、市场化改革的深入以及能源互联网新兴技术的快速发展，使客户服务面临新的发展环境，传统客户服务模式的短板不断凸显，客户需求与服务将面临前所未有的新挑战。

首先，现存的服务调度体系无法满足需求挖掘并实现主动服务。客户服务体系要求以解放用户为导向，而客户需求的多元多变，对基础业务和增值服务的挖掘分析工作提出了更高的要求。在海量服务为用户带来方便的同时，也导致了服务发现与服务选择难题。此外，当前部分服务系统通常采用“请求—响应”被动式的服务模式来处理用户的服务需求，该模式缺乏智能性与主动性，严重影响了服务资源的利用率与用户体验，不能满足当前大数据与人工智能时代下用户对服务应用的体验要求。

其次，传统话务量预测技术无法适应目前含增值业务等较复杂业务的服务场景，造成话务服务的人力资源利用不合理。随着社会不断发展，各行业企业客服中心规模不断壮大，作为企业与客户沟通的重要桥梁，发挥着越来越重要的作用，因此其运营管理模式也需要随着社会经济发展不断更新。目前客服中心话务量预测/排班管理应用主要依靠历史经验，存在排班效率低、需求值与排班人员拟合度差、人力资源投入大、服务水平未达到期望值等问题。同时为达到接听率服务水平，座席每日上班时间不固定，上下班时间与普通人作息时间不同，排班舒适度不高。因此，如何建立行之有效的排班模型并进行科学精确排班，是做好“排班管理”的关键。

再者，客户服务调度智能化不足。部分客户服务体系被动性强，目前的服务调度工作仅以业务需求驱动模式为主，只能被动服务客户，缺乏有效先进的技术手段支撑“需求+数字”双驱动的主动服务调度工作模式。

为此，本书开展客户服务体系下基于知识驱动的智能调度优化模型研究。针对客户需求的多元多变，研究历史需求和消费行为的知识关联性，构建基于知识驱动的用户服务需求预测模型。针对话务服务的人力资源利用不合理的问题，研究话务量影响因子数据的非平稳性和时间尺度差异性特征，采用模态分解方法对话务量影响因子数据进行局部特征提取，构建同时考虑传统业务与增值服务的话务量分类预测模型。依据以上两点，研究用户服务需求和话务量的跨领域知识融合方法，建立客户服务“需求+数字”双驱动的服务调度模型，为用户提供主动服务。最终开发双驱动服务优化调度决策功能模块。

本书尝试充分挖掘用户消费行为的潜在价值，从客户尤其是行业大客户的角度出发，提供主动服务。同时，根据话务量预测结果，综合考虑多种影响因素，设定排班约束条件，建立行之有效的排班模型，科学合理开展精准排班，根据实际运营情况，依据科学的管理方法，完善排班管理规范，减少为达到运营指标要求，采取临时排班调整、加班、取消断班休息等影响排班舒适度的措施，尽可能降低排班临时调整对员工造成的影响。

1.3 现有客户服务调度的技术

1.3.1 客户服务需求预测技术

客户服务需求预测是经典的生产运作管理问题，精确的客户服务需求预测对后续的生产计划与控制具有重要意义，可以起到控制库存和提高客户服务水平的作用。需求预测是一个复杂的动态过程，其持续时间受到多种因素影响，这些因素往往具有随机、模糊和不确定性的特点。这些因素和需求序列数据之间存在非线性映射关系，这种映射关系常常难以用特定的数学模型去描述。

以往的客户服务需求预测方法大致分为两种，即定性预测和定量预测。定性预测方法常被用于10年以上的长期预测或者系统较为复杂的预测问题，包括德尔菲法、交叉概率法和类推法等，但是由于其预测结果太过依赖预测人员的个人经验，所以在中、短期预测中往往发挥不出较好的效果。应用最为广泛的定量预测技术是时间序列分析，如指数平滑模型、自回归滑动平均（autoregressive moving average，ARMA）、自回归积分滑动平均模型（autoregressive integrated moving average，ARIMA）、灰色理论及人工神经网络（artificial neuronal network，ANN）等。然而，时间序列分析方法也存在部分样本数据要求高、不能处理多输入等缺点。

指数平滑法表明时间是很有规则性的，并且很稳定，可以延伸到未来，这种状态也会持续到将来的时间段，因此可以将较大的权数放在最近的数据上。指数平滑法包括简单指数平滑、趋势修正指数平滑、Holt-Winters方法，这些方法具有两个共同特点：①时间序列数据受数据水平、变化趋势和季节等潜在因素的影响；②上述因素在需求时间序列中是动态变化的。受这些潜在因素的影响，学者们给出了至少24种指数平滑预测方法的变形。在已有研究的基础上，Hyndman等人给出了指数平滑方法的统计学框架。同时，有学者通过数值模拟给出了3种指数平滑预测模型的选择方法。

时间序列分析预测方法有其自身的限制。首先，通常至少需要80～100组观测数据去构建相应的数学模型，需要大量的样本训练才能保证其识别精度，特别是作为近年发展起来的服务型制造模式，其可用的历史数据非常有限，因此如何利用有限且分布离散的数据达到尽量好的预测精度是服务型制造客户服务需求预测所要解决的首要问题。已有研究给出了可以有效处理小样本需求预测问题的多元灰色理论模型（multivariate grey mode，MGM）。1982年邓聚龙教授提出灰色系统理论，这种方法可以直接处理原始数据并发现其内在的发展规律和逻辑规则。从其产生到现在，灰色系统理论在各行各业得到了广泛的应用。之后，有学者提出了一种模糊灰色系统方法［自适应步长的GM（1，1）模型］对股票价格进行预测，取得了良好的预测效果。还有学者提出了一种结合GM（1，1）模型和移动平均自适应外生预测模型的混合预测方法，其预测精度比前者有了较大改善。此外，有学者将支持向量回归学习算法和灰色系统理论相结合提出了一种支持向量回归灰色模型，用于时间序列数据的预测。基于灰色理论的需求预测方法还包括混合灰色模型、灰色动态模型、灰色-模糊模型、灰色-田口模型、灰色-马尔可夫模型、灰色-傅里叶模型、灰色-贝叶斯分析模型、灰色-遗传算法模型、灰色-多元优化模型、灰色-三角函数模型、灰色-菲尔哈特模型和非线性灰色-伯努利模型等。然而，在大多数情况下，当上述方法应用于更复杂的非平稳和高维的时间序列的预测问题时，预测精度是不可接受的。灰色系统理论模型仍然有其自身的不足。

由于GM、ARMA 和 ARIMA等往往无法捕捉需求预测问题中的非线性模式。为解决此类问题有学者采用支持向量机（support vector machine，SVM）获取预测系统中的非线性模式，结合ANN进行客户服务需求预测，并得到了稳定的预测结果。支持向量回归预测方法是一种基于结构化风险的新型预测方法，其使用了核函数和支持向量技术，并采用二次规划技术描述时间序列的未来发展趋势。SVM可用于小样本预测问题并同时构建影响因素和时间序列数据之间的映射关系，因此它可以有效处理GM、ARMA 和 ARIMA的不足。与ANN相比，SVM可以通过结构风险最小化来避免数据的过度学习和局部最小化等问题，并被成功地应用于高维数据的机器学习中。SVM 的广泛应用还因为其泛化能力不仅取决于数据的训练效果，而且取决于支持向量的选取。尽管SVM有很多优点，但是预测精度总是受到具体的应用背景下选择的内核函数（包括多项式核函数、Gaussian核函数、Sigmoid核函数和Laplace核函数）的影响。对于某些数据集，不同的内核的预测结果是相似的，而对于其他数据集，预测结果有明显不同。考虑到这一点，有学者研究了两种方法来构造内核函数，问题中的局部性质将会被重点关注。也有学者提出了一种混合智能系统，该系统结合了小波核函数支持向量机，可用于需求预测，仿真结果表明，在处理不确定的数据并且样本有限的情况下，该方法是有效的。由于仍然存在没有标准化的内核选择方式和参数优化方式的问题，因此，需要找到一个被广泛接受的核选择方法。

上述已有研究中，时间序列分析的本质是一维离散数据，为了发掘隐含在一维时间序列系统中的有用信息，相空间重构技术逐渐进入人们的视野。有学者通过将一维相空间数据在高维空间进行重构，成功实现了水流中悬浮沉淀物的浓度预测。通过研究非线性动力学理论和相空间重构技术对预测精度的影响，相关学者提出了一种基于相空间重构技术的局部线性回归客户服务需求预测方法，但该方法对噪声数据较为敏感，而且还需要大量的时间序列数据才能获得准确的结果。为了更准确地短期预测客户需求，还需要探索一种结合相空间重构技术并且更有效的方法。也有学者认为利用参数空间重构（parameter space reconstruction，PSR）技术重构数据样本的关键元素，可以最大限度地提取和恢复客户需求演化过程的固有特性。同时，为提高预测精度，利用混合核函数最小二乘支持向量机模型进行客户需求预测，该模型的关键参数是由粒子群优化得到的数值。

总结上述国内外研究现状可知，应用于传统客户服务需求预测的各种预测方法虽然各有优势，但将其应用到服务型制造的客户服务需求预测当中却存在以下问题：①需求预测大多以一维时间序列数据为基础；②对数据样本的需求量较大；③预测过程中没有对客户服务参与进行充分考虑。

1.3.2 话务量预测技术

1. 传统业务下的话务量预测技术

话务量变化受到电费、终端发展、突发自然灾害等多方面因素综合影响，表现出非线性和随机性，同时又因为受到法定节假日、学生寒暑假、地域用户习惯等规律性因素影响，表现出一定的周期性。目前，话务量预测研究领域主要分为定性预测与定量预测两大类。

定性预测方法就是通常所说的直观判断法或者专家评估法，这种方法的预测精度在很大程度上由预测者专家的技术和技巧决定。这种方法具有比较大的主观性，难以指导具体网络规划建设。

话务量数据其实是单变量时间序列数据，对未来一段长期时间、多时间段的话务量预测就是时间序列的预测，是典型的多步预测。时间序列是一组按照时间发生先后顺序进行排列的数据点序列。通常一组时间序列的时间间隔为一恒定值（如15min、1h、1天、1个月、1年），因此时间序列可以作为离散时间数据进行分析处理。时间序列分析就是使用统计的手段对这个序列的过去进行分析，以此对该变量的变化特性建模，并对未来进行预测，也就是说时间序列分析视图通过研究过去来预测未来。时间序列通常具有以下性质：①自相关性：是时间序列观测值之间的相似度，也就是当前时间的数据与之前时刻的数据存在着某种联系，过去的数据将会影响未来数据的发展变化；②季节性：是指时间序列会随着时间呈不同时间维度周期性波动；③不规则性：时间序列会受到各种突发事件和偶然因素的影响而产生数据上的突变，呈现不规则变动；④平稳性和非平稳性：平稳性是指时间序列的均值和方差随着时间推移没有发生变化，非平稳性是指时间序列的均值和方差无法呈现出一个长期趋势并最终趋于一个常数或是一个线性函数；⑤数据规模庞大：随着互联网信息技术的发展，实际生活中所使用的时间序列数据在不断扩大，而且仅将时间序列当作一维的向量数据来对待已经不能满足现在发展的需求变化，现在其还包含了多维数据，而不同维度之间也存在着某种关联。以上特征使得有效分析时间序列变量十分困难。

定量预测的方法是话务量预测的热门课题，国内外有很多研究机构都在积极研究分析话务量预测模型，也取得了较多的阶段性成果。当前，主要的定量预测模型包括惯性预测、Kalman滤波、话务量在线分析处理（online analytical processing，OLAP）分析等。其中惯性预测和Kalman滤波相对简单，但是难以满足现阶段话务量的复杂变化方式。随着对时序预测问题的深入研究，其技术手段由原来的概率论、随机过程等纯数学方法（如采用ARMA预测模型来近似描述时间序列），发展为引入动力学系统的知识来抽取时间序列的系统特征，再发展为引入神经网络等人工智能领域的技术和数学手段相结合的方法，综合性越来越强。ARMA模型被广泛地运用于时间序列的分析和预测，若时间序列是平稳的，可以用自回归模型AR（p）、滑动平均MA模型、自回归移动平均模型ARMA（p，q）来分析，ARMA模型能较好地描述时间序列，但是其前提是时间序列是平稳的，其缺点是预测速度慢。

时间序列数据受时间、突发事件等外部因素的影响是随着时间波动变化的。对时间序列数据进行未来一段长期时间、多时间段的预测实际上与机器学习分类中的回归分析之间存在着密不可分的联系。

2. 新技术下的话务量预测方法

以上介绍的话务量预测方法仅针对传统业务下的话务量进行预测，即话务员被动地进行服务，满足客户提出的要求，以现代供电服务体系为例，如要求用电服务由被动服务向主动推荐转变，因此对话务量的预测提出了更高的要求。话务员不再是被动服务，而是要向用户主动推荐用户所需要、所感兴趣的用电服务，增值服务属于需要主动推荐的服务，考虑增值服务势必会增加话务量，从而基于传统业务的话务量预测将不再适用。综上，亟须研究考虑服务主动性的话务量预测方法。

贝叶斯网络（BN）又称信念网络或有向无环图模型，其是一种概率图形模型。在有向无环图中，节点表示随机变量，节点之间的连线代表随机变量之间的依赖关系。利用贝叶斯网络进行时间序列的预测，其实就是对给定的时间序列数据进行贝叶斯网络结构的学习，使其网络结构尽可能符合对应数据集的分布。

有学者将贝叶斯网络应用到气象时间序列预测中，即将已有的网络结构融入时空信息。有学者在贝叶斯网络的基础上，增加了气候变量之间的时空依赖关系，形成一种新的网络结构。在未来天气预测过程中，首先预测气候变量间的时空依赖关系，再将此关系加入最后的天气预测中。之后，他们还提出了基于语义贝叶斯网络的多元气象时间序列预测网络semBnet，其核心思想是在语义贝叶斯网络中添加时空信息的领域知识。

矩阵分解（MF）的实质是将原始矩阵拆解成多个矩阵的乘积，使其乘积尽可能拟合原始矩阵。用矩阵来表示高维时间序列时，每一列对应的是时间点，每一行对应的是一维的时间序列特征。

有学者将矩阵分解应用到网络流量时间序列数据中进行估计，提出了一种称为稀疏正则化矩阵分解（SRMF）的新技术，其利用了现实世界交通矩阵的稀疏或低秩性质，并且结合了时空特征，从而提高了网络流量时间序列预测的准确性、灵活性和有效性。

有学者将矩阵分解应用到移动网络定位中，本质上定位数据也是属于时间序列数据。因为定位数据属于低秩结构，因此其结合低秩结构和时间稳定性，开发了三种方案来确定移动网络的位置，最后实验证明其能够有效地降低定位的误差。

还有学者提出了一个时态正则化矩阵分解（TRMF）框架，用于处理具有许多缺失值的高维时间序列数据。TRMF具有很高的通用性，并且包含了许多现有的时间序列分析方法。实验结果表明，TRMF在可伸缩性和预测质量方面具有优越性，特别是在高维时间序列预测问题上。

近些年来随着深度学习的发展，计算机视觉、自然语言处理等领域均取得了较大的突破，在时间序列预测方面也取得了一定的成果。也有利用深度学习的多层神经网络训练模型，拟合时间序列内在、外在的变化规律，从而对时间序列进行预测，但对于目前的客户服务体系话务量预测技术尚有不足。

1.3.3 客户服务排班调度技术

客服排班优化问题从数学意义上考虑是一个复杂的非线性规划问题。近期已有不少研究针对排班优化问题进行探讨分析，并提出了相关建设性思路。例如，考虑技能水平因素的影响，考虑多技能约束、班次约束、人力需求约束等因素，引入技能水平系数，构建整数规划模型，对客服人员进行技能评定，根据评分序列决定排班；从客服人员出发，考虑人员工作满意度，从而缓解客服工作强度大、工作量不均衡、作休不规律等问题，在此基础上进行科学排班优化，进一步提高人员工作效率，并完善供电服务体系建设；考虑话务量影响因子及时间序列，对未来话务总量进行预测，根据需求总量规划客服人数，充分利用客服在班人数进行优化排班。

为了制定与服务相匹配的客服排班优化系统，使其面向用户需求的服务更具有针对性，学者们提出并论证了考虑不同因素的优化方法。有学者提出建立一种随机模型，其中考虑了客服接听率与企业经济收益的相关性。有学者研究出了一种通过随机规划及分布鲁棒优化的方法，在设置一定服务水平的前提下，将总的人力薪资降低。有学者针对客服中心同期话务量进行数学建模，从而预测当下话务量，提出了系统优化班务的解决方案并给予实施。有学者考虑了客服技能水平对排班规划的影响，依照不同技能及水平对客服人员进行排序，以提高客户满意度及客服工作效率。也有学者考虑客服人员对工作满意度进行排班，即在人力资源有限、满足呼叫中心人力拟合要求的前提下，如何快速排班并且提高客服满意度。部分已有研究通过设定客服中心存在早班、晚班、两段班三种不同班种，限制客服在一个排班周期内不调换班种，并且限制两段班客服比例，构建单周排班问题整数规划模型，该方案可以优化人力成本并提升客服满意度。有学者为排班问题构建了一个随机整数的数学模型，考虑客服在不同班次当班薪资的不同，使客服人员的劳动所得与数据挂钩，该方法降低了人力成本。还有学者提出了6种不同的休班方式，并且建立多周排班优化整数规划模型，利用二分法与凑整技巧来进行复杂算法的简化计算。

排班算法问题本质上是一种多项式复杂程度的非确定性问题（NP-Hard）。目前对此的主要求解方法有精确算法和启发式算法两大类。精确算法虽然可以在小规模数据情况下获得最优解，但由于电网客服中心的客户行为数据规模巨大且同步更新频率高，使用精确算法的计算量会大大增大，在实际情况中其解决问题的效率很低，因此本书提及的研究方法不采用。另一方面，常见的启发式算法包括粒子群优化算法、遗传算法、人工神经网络等。启发式算法不能求得NP-Hard问题的最优解，但能够得到一个与最优解有关的可行解，在实际运用中可保障在有限时间内制定实施方案。

针对启发式算法，现有的研究提供了较多实用案例及建模方法。在实用上，一些国外排班软件行业的领头企业基于排班优化问题开发了多种适用于不同情景下的企业级排班管理软件。在启发式算法运用发展上，有学者在研究护士排班问题时，通过变邻域下降算法对得到的初始解进行更深入的完善，并取得了较好的效果。有学者提出了一种基于乌鸦搜索算法的排序方法，用来研究制造业中人员的调度问题。有学者从机组配对和机组人员指派两个阶段开展机组排班模型和粒子群优化算法进行深入研究，并在其基础上设计和实现机组排班系统。还有学者基于差分进化算法建立了呼叫中心排班优化模型，经过测试，该模型适用于多数大型企业的排班优化规划。有学者利用启发式算法模型建立电动公交车车辆调度与司机排班的规划表，有效确保电动公交系统正常运行及普及。

上述各行业领域的已有研究并未对用户行为序列进行精准分析，且大多忽略了用户作为服务主体对象在话务中的直观影响。为此，该书利用大数据分析得到目标用户的行为偏好，并挖掘用户进行话务的时间及内容，构建约束条件及目标函数的数学模型，由此得到用户行为序列，并依照该序列对客服的排班进行优化。

1.4 人工智能技术在客户服务智能调度的应用

随着技术迅猛发展，特别是人工智能和机器学习领域的不断创新，智能调度模型和策略的应用在客户服务领域变得日益重要。基于大数据的人工智能应用于客户服务系统中，不仅可以改变传统的客户服务营销模式，而且可以有效缓解人工客户服务的工作压力，提高客户服务的服务质量。因此，在企业的发展过程中，实现人工智能客户服务系统的有效完善，确保客户服务智能调度运行效率的提高，对于企业的发展十分重要。目前，人工智能技术在服务调度体系、话务量预测技术和排班方式等方面有不同程度的应用与发展。

在客户服务需求预测技术方面，近年来，深度学习方法的研究取得了重大进展，其中包括循环神经网络、卷积神经网络和长短期记忆网络，与浅层学习方法相比，深度学习方法可获得更好的预测结果。有学者利用循环神经网络（recurrent neural network，RNN）捕捉时间序列数据的特性开展预测，但当时间跨度过长时，RNN模型容易产生梯度爆炸，因此会影响预测准确度。长短期记忆网络（long short-term memory，LSTM）作为RNN的一种变体，解决了上述问题，对长时间序列有较好的处理效果。有学者采用LSTM模型来预测单个居民用户的短期负荷，结果表明，其预测精度要优于诸如K最近邻（k-nearest neighbors，KNN）和极限学习机（extreme learning machine，ELM）之类的浅层学习模型。为了对负荷预测的准确性有更大的提升，研究学者对预测模型进行了优化和组合，有学者提出了一种基于注意力机制的Bi-LSTM预测模型，同时引入滚动更新机制，可以实时更新预测模型的输入；还有学者提出两阶段预测模型，在第一阶段通过互信息提取特征，通过随机森林和递归特征消除选择有效特征，在第二阶段，将第一阶段的特征输入改进的卷积神经网络（convolutional neural networks，CNN）模型，有效提高了负荷预测和电价预测的准确性。

在话务量预测技术方面，时间序列预测领域已经有表现不错的机器学习算法，包括支持向量机、贝叶斯网络、矩阵分解、高斯过程。近些年来随着深度学习的发展，有些相关研究表现不错。神经网络是通过模仿人脑生理特征的人工智能信息处理系统，它具有很强的映射能力，是进行曲线拟合、近似实现各种非线性系统的有效工具。现在，神经网络已经成为预测的一种重要模型，神经网络有多种结构，最常用的是多层反向传播（back-propagation network，BP）模型，但是BP预测模型的参数难以选择，难以确定隐含层和隐含层节点的个数。SVM是建立在统计学习理论的Vapnik-Chervonenkis维数理论和结构风险最小原理基础上的机器学习方法，根据有限的样本信息在模型的复杂性（对特定训练样本的学习精度）和学习能力（无错误地识别任意样本的能力）之间寻求最佳折中，以期获得最好的推广能力（或称泛化能力）。有学者将向量机用于预测财务时间序列上，具体为预测股票价格指数，并检验了将SVM应用于财务预测的可行性。文章实验结果表明，支持向量机为股票市场预测提供了有前景的替代方法。

有学者还将支持向量机应用到短期预测气象时间序列（例如太阳辐射、气温、相对湿度、风速、风向和压力）中，其实验结果表明，支持向量机在气象时间序列数据中的短期预测结果有很好的表现。

有学者将支持向量机应用在金融时间序列预测中，并检验在金融时间序列预测中的可行性，其实验结果表明，将支持向量机应用于预测金融时间序列是有利的。在此基础上，其还发现支持向量机对时间序列的预测性能受到自由参数的影响，并同时提出了一种自适应的参数选择算法把金融时间序列的不稳定性应用到支持向量机中去。此后，其又将混合专家系统结构应用到支持向量机来进行时间序列的预测。

有学者将深度学习技术用于实际的室内温度预测任务中的时间序列预测，其实验结果表明，使用深度学习训练的模型预测得到的目标值与测试集上的真实值具有较低的误差，其具有更好的泛化性能并且过拟合也随之减少。

还有学者提出了一种基于深度学习的交通流量预测方法，并且同时考虑了交通流量数据在时空上的相关性，采用堆叠式自动编码器模型用于学习交通流量的特征，并且以贪婪的分层方式进行训练模型。实验表明，基于深度学习训练的模型在交通流量预测上具有更好的准确性。

虽然人工智能技术在各个技术方面有不同程度的发展，但人工智能技术也有其对应的弱势与缺陷。从发展现状上看，就目前的智能客服系统而言，客户服务的智能调度方面尚有不足，无法满足现今各行业客户服务的相应需求，因而需要对客户服务智能调度的模型与策略进行进一步的研究。

1.5　现代供电服务体系研究

前面各节通过探讨客户服务本身的特性以及对于各行业企业在激烈市场竞争中保持优势的重要意义，了解了金融行业、软件行业、电信行业、电力行业等各行业领域在客户服务体系中的相关调度技术以及人工智能技术在客户服务智能调度方面的现状，明确了现今客户服务调度技术的概况与在市场激烈竞争下客户服务对于智能调度技术的迫切需求。为更进一步研究客户服务智能调度的模型与策略，该书以电力客户服务为典型研究对象去分析人工智能技术的应用。

电力工业与国民经济发展既遵循各自规律又彼此相互影响，构成了一个关系复杂的系统。当用户诉求从“用上电”向“用好电”转变时，激发用户潜能、洞察用户诉求、与用户共创价值、实现多方共赢就成为供电服务努力的方向。当下，以人工智能、大数据及物联网为核心驱动力的第四次工业革命的蓬勃发展，正好为电网企业供电服务体系的重塑增添了动力、赋予了智慧。2019 年7月，在南方电网公司“不忘初心、牢记使命”主题教育中，该公司董事长孟振平首次提出电网企业“解放用户”的理念，希望通过一系列行动举措，推动进一步解放和发展社会生产力、解放和增强社会创造活力，让用户充分释放潜能，为用户创造价值。2020年，南方电网公司董事长孟振平以“深入贯彻习近平新时代中国特色社会主义思想，以人民为中心大力解放用户”为主题讲党课，系统阐述了自己的认识和思考。在这一背景下，南方电网公司印发《南方电网公司现代供电服务体系建设工作方案》，要求建成敏捷前台、高效中台、坚强后台的现代组织架构（见图1-1），满足人民高品质生活用电用能需要，公司目前已经搭建了前中后台的业务体系，实现了“基础+”服务业务体系的初步运转。

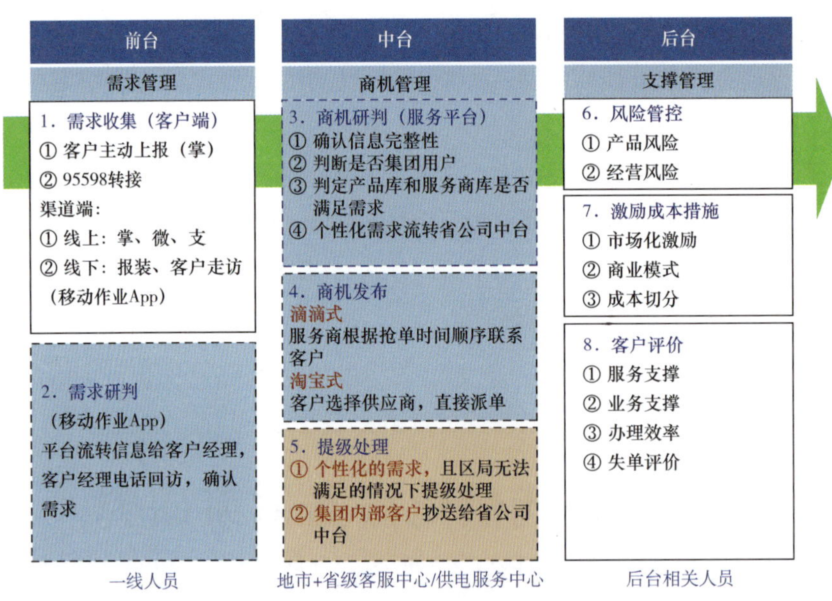

图1-1　敏捷前台、高效中台、坚强后台的现代组织架构

在孟振平关于“解放用户”的思路架构中，解放用户就是要建立以人民为中心的价值体系，从理想信念、发展思路和治企理念三个层面，全面树立起以人民为中心的鲜明导向；就是要建立以满足需求为导向的能力体系，以打造敏捷前台、高效中台、坚强后台的现代组织架构为重点，推动现代供电服务体系提质升级；就是要建立以能源生态为依托的协作体系，共商共建共享，加快建立“以电网企业为中心支撑、社会各界广泛参与”的“解放用户”统一战线；就是要建立以创造价值为衡量的评价体系，基于用户视角，从用户体验出发，建立评价标准。以这一思路为导向的现代供电服务体系建设，围绕如何构建用电用能产品体系、构建前中后台业务架构、构建市场化运营机制、推进客户服务数字化转型四个方面提出了13项具体措施，探索为用户提供可靠、便捷、高效、智慧的新型供电服务的有效路径，助力公司战略转型。《南方电网公司现代供电服务体系建设工作方案》指出，南方电网公司现代供电服务体系的建设在2021年底前，以广东电网公司、深圳供电局作为试点单位，基本建成现代供电服务体系，广西、云南、贵州、海南电网公司全面启动现代供电服务体系建设；2022年，南方电网公司基本建成现代供电服务体系。在具体实践中，南方电网公司所属分（子）公司因地制宜，不断创新和定制产品与服务。如广州供电局升级“临电共享”服务，实现“拿地即开工，插电式服务”；深圳供电局推出“充电易”服务，通过预装表实现充电桩用户扫码秒通电；广西电网公司上线“电力贷”，被政府列为特色信贷产品，享受2个百分点贴息政策；云南电网公司开发电烤茶、电烤米线等特色服务产品；贵州电网公司以遵义地区的电酿酒产品为突破点，打造电能替代增值产品典型示范。其中几家试点单位各有特色：广州供电局重点开展提升业扩报装效率、优化营商环境试点；佛山供电局重点开展兼顾全网特点的综合性体系建设试点；深圳供电局重点开展增值服务、生态圈建设试点。经过一年多的探索实践，广东电网公司、深圳供电局均按照计划基本建设现代供电服务体系，实现了供电保障更加安全可靠优质；供电服务更加便捷高效智慧；“基础+增值”产品体系基本建立，用电用能生态模式初步呈现；用户需求得到快捷响应和有效满足，获得感、幸福感和安全感显著提升。前中后台架构搭建成型，完成前台渠道融合，建成省、地实体化中台，后台建立激励、风控等机制；客户服务“需求+数字”双向驱动取得实质性进展，形成了现代化供电服务体系框架（见图1-2）。

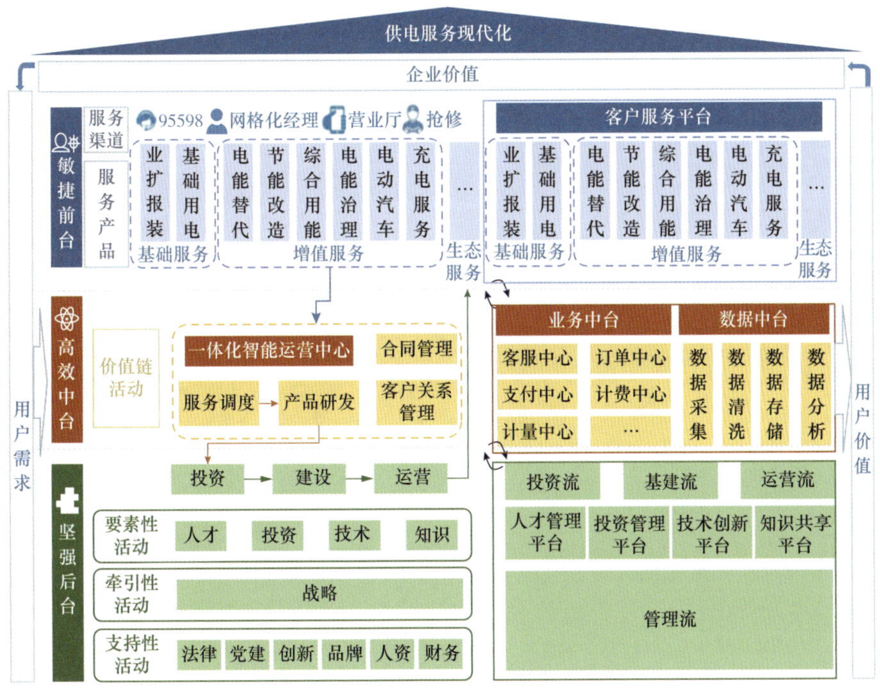

图1-2　现代化供电服务体系框架

2 多维数据和新型电力系统下用户和用电行为的知识关联性研究

随着社会的不断发展，各行业数据体量快速增长，数据类型也逐渐丰富，分析用户各类服务需求的根本就是进行数据分析。在分析用户的服务需求之前，首先需要分析影响用户需求的因素，进而筛选出相关联的数据类型，确定所需的数据类目。建立用户数据库时，需对海量的大数据信息进行预处理，筛选出有效、完整的用户数据，挖掘具有行为评估能力的指标，这是建立基于大数据用户画像模型构建的基础。用户的需求决定了其行为的偏好，进而可以从中挖掘出用户的服务需求。用户的基础行为及需求受到多个因素影响，不仅包括气象、地理位置等外在自然环境因素，还包括经济发展水平、订单量等社会经济因素。在考虑增值服务时，不仅需要考虑基础数据，还需考虑用户发展潜力及用户所在行业其他数据。

2.1 用户信息采集及建模技术研究

信息建模是从信息的角度对用户进行描述，用于存储/维护/处理与用户相关的所有信息，这些信息是管理行业各项业务及服务的关键。信息建模的目的是反映建模对象、对象属性及对象之间的关系，因此，建模时首先要清楚建模的对象。例如对于电力行业，行业客户用电信息建模面向大型企业、集团企业、企业群等电力大客户，需要了解大客户用电特性和相互的负荷关联度问题。

信息建模关注的是信息维度和信息准确度，即信息模型要尽可能全面且客观地反映对象及其属性和相互关系。在信息维度上，计量手段的进步使得客户数据采集向更广泛、更频繁、更细颗粒度发展，以多维数据耦合为信息建模维度扩展提供了基础；在信息准确度上，通过完善信息采集技术并制定相应的采集标准，提高数据的准确性。

基于多维数据耦合的行业客户信息建模技术核心如下：①首先，针对用户信息分析现状进行调研，基于现有信息采集系统并结合客户服务业务的具体需求，研究现有信息采集与实际需求的缺口；②其次，在具体建模过程中以数据分析、优化建模为手段，不断通过对多源数据处理加工来优化客户信息模型；③最后，通过了解对象间的相互关系，描述各维信息构成的内在特性及其相互关联关系。基于多维数据耦合的行业客户信息建模技术核心流程如图2-1所示。

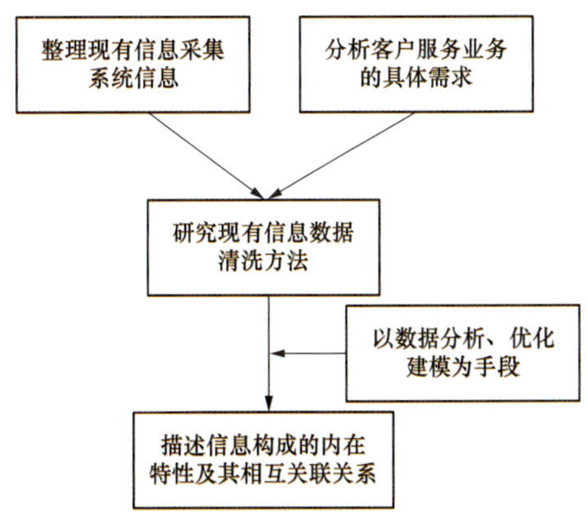

图2-1　基于多维数据耦合的行业客户信息建模技术核心流程

2.2 数据预处理

当前信息数据系统的可靠性较高，但面对大量用户的海量数据，在存储上不可避免地会出现一些缺失或存在异常值，这些异常数据会扭曲数据特征，影响用户行为分析。因此，对用户信息中偶尔出现的缺失与异常值需要予以识别并修正。

当数据某个特征的缺失值较少时，若直接删去含有空缺值的数据会使记录数变少，导致数据不连续或是一些潜在的特征被抹去。对于少数数据缺失的测量，在满足误差许可的条件下，可以通过对缺失值进行拟合填充来保证数据的完整性。

孤立森林算法采用无监督集成学习策略，适用于异常数据的识别，且能够有效解决负样本不足对检测精度造成的影响，并能够提高异常检测的查准率。对于异常数据的修正，大用户数据可能具有一些特有的变化特征，需要做特殊处理。本书采用孤立森林算法进行异常数据识别处理，再采用拉格朗日插值法结合基于拉格朗日插值法修正异常数据。

2.2.1 基于孤立森林算法的异常数据识别

孤立森林判断异常数据的依据是将孤立点作为异常数据，即突然大幅上升/下降的少数个离群的数据点，其实现过程如下：

（1）随机选取树的分支点。从用户信息集的值域范围中（即最小值与最大值之间）随机选取1个数据点d作为孤立树二叉分割的节点，将大于和小于d的数据点分别归到二叉树的两支。

（2）随机构建孤立树。在分支中重复（1），直至分支内仅剩一个数据点而不可再分割，或是达到了孤立树的高度上限，即分割次数超过了设定值，此时完成了孤立树的构建。其中设定孤立树的高度上限h为

$$h = ceiling(\log_2\psi) \tag{2-1}$$

式中：$ceiling$为向上取整函数；ψ为数据集的数据点总数。

（3）计算各点平均分叉数。由于异常点往往是少数的离群点，因而很容易就能将其单独分割出来，如此一来，通过计算每个数据点y_i在多次构建孤立树时的平均分叉数就能判断数据点是否异常，即计算将其单独分割出来的平均分割次数为C_i。

（4）计算各点的被孤立度。计算数据集中所有孤立树的平均分叉数，即

$$C(\psi)=2H(\psi-1)-\frac{2(\psi-1)}{\psi} \tag{2-2}$$

式中：H为调和函数，满足$H(x)=\ln(x)+\gamma$，其中γ为欧拉常数。

然后计算各点被孤立的程度s，即

$$s(y_i,\psi)=2^{-\frac{c_i}{C(\psi)}} \tag{2-3}$$

当s接近1时，则标记该点为异常数据，后续对其予以修正。此外，节假日被认为是特殊点，不将其标记为异常数据。

2.2.2 基于拉格朗日插值法的数据填补算法

拉格朗日插值法是一种多项式插值法，采用拉格朗日插值法，利用相邻正常数据拟合多项式来获得近似值进行缺失值补充，其表达式为

$$x_l \to y=a_0+a_1x+a_2x_1^2+\cdots+a_{n-1}x^{n-1}\to y_l \tag{2-4}$$

插值多项式 $y=a_0+a_1x+a_2x_1^2+\cdots+a_{n-1}x^{n-1}$ 的构造过程如下：取 n 个数据点 (x_0,y_0)、(x_1,y_1)、$(x_2,y_2)\cdots(x_{n-1},y_{n-1})$，作$n$个$n$-1次多项式，即

$$p_j(x)=\prod_{i=1,i\neq j}^{n-1}\frac{x-x_i}{x_j-x_i},j=0,1,2,\cdots,n-1 \tag{2-5}$$

最后得到

$$y=\sum_{j=0}^{n-1}y_jp_j(x) \tag{2-6}$$

同时，不同特征的原始数据值域可能存在比较大的差异，某些原始数据特征之间的属性单位可能不一致。如果直接在原始数据上进行分析，数值大的特征将湮没数值小的特征，使得值域较小的特征失去有效性而影响分析结果。根据（原始值-最小值）/（最大值-最小值）将数值归一化到[0, 1]，计算如下

$$v_{a1}=\frac{v_a-\min_A}{\max_A-\min_A} \tag{2-7}$$

式中：v_a为属性A的某个值；$\max_A$、$\min_A$为属性A的最小值和最大值；v_{a1}为标幺化后的值。标幺化后所有属性的值都被规范至[0, 1]进行聚类分析。

2.2.3 非数值型文本编码处理

在机器学习中，使用LabelEncoder进行编码化的选择有以下原因：①LabelEncoder是一种常用的编码工具，用于将分类变量转换为数字形式；②相比其他编码方式，LabelEncoder具有简单易用、保留类别关系、节省内存空间、适用于有序类别，广泛的兼容性和支持等优点。LabelEncoder具有以下优点：

（1）首先，LabelEncoder提供了一种简单易用的方法来将分类变量编码为数字。它能够直接将类别标签映射为整数编码，无须进行复杂的预处理或特征工程。这种简洁性使得LabelEncoder成为快速编码化的首选工具之一。

（2）其次，LabelEncoder保留了类别之间的相对关系。它将类别标签编码为连续的整数序列，通过分配不同的整数值给不同的类别，保留了其之间的有序性。这对于一些算法（如决策树）和可视化任务非常有用，因为其可以利用这种有序性来做出更准确的预测或生成更直观的可视化结果。

（3）LabelEncoder还在内存空间方面具有优势。相比于其他编码方式（如One-Hot编码），LabelEncoder生成的编码通常需要更小的内存空间。这对于处理大规模数据集或内存受限的环境非常重要。公式化描述LabelEncoder的过程如下：

1）假设有一个分类变量C，其中包含n个不同的类别。可以使用LabelEncoder将C转换为整数编码。

2）对于每个类别$c_i \in C$，其中$i \in (1, n)$，将c_i映射到整数编码i，可以将每个类别映射到一个唯一的整数编码，使得原始的分类变量转化为数字形式。

（4）另外，LabelEncoder适用于有序类别。对于一些问题，类别具有固有的有序性，例如评级或教育程度。使用LabelEncoder可以将这种有序关系编码为连续的数字值，使得模型能够更好地捕捉这种顺序信息。

（5）LabelEncoder具有广泛的兼容性和支持，它是机器学习领域广泛使用的一种编码方式，被众多的机器学习库和框架支持。这使得LabelEncoder成为许多机器学习任务的常用选择，无论是在特征工程还是预处理阶段。

综上所述，LabelEncoder是使用广泛的编码方式之一。通过将分类变量转换为数字编码，LabelEncoder提供了一种有效的方式来处理机器学习算法所需的数字数据。LabelEncoder通过为每个类别分配唯一的整数编码来实现编码处理。LabelEncoder在实践中被广泛使用，因为它具有简洁性、保留有序性、节省内存空间和适应不同的机器学习任务的优势。

需要注意的是，LabelEncoder的使用也存在一些限制。由于使用数字编码，可能会引入类别之间的假设关系，使得模型错误地认为这些编码之间存在数值上的关系。在某些情况下，这可能会导致模型产生错误的预测结果。此外，如果类别数量过多，编码后的数字可能会过大，导致数值范围扩展并影响模型的性能。在处理这些问题时，可以考虑使用其他编码方式，如One-Hot编码或特征哈希编码。

总之，使用LabelEncoder是为了将分类变量转换为数字形式，以满足机器学习算法对数字数据的要求。此外，还需要根据具体情况注意其可能存在的限制，并根据任务需求选择合适的编码方式。

2.3 用户数据分析及特征构造

全量客户特性间具有较为复杂的关联性，用户行为并非互相独立，存在相互依赖性，为探究其关联度，可以根据特征关联关系和用户数据的统计规律构建客户多层级关联度模型。

2.3.1 特征关联模型

客户带有不同属性的特征标签数据，特征标签无法计算距离，则需采用基于关联的数据挖掘算法。其核心是通过高效发现频繁项集来进行特征关联，即通过是否含有相同频繁项来将用户联系，进而基于所含相同频繁项的数量来确定用户间的关联度。

拟采用FP-Growth算法进行关联规则挖掘，其核心思想是把数据集中的项映射到一棵FP-Tree上，再根据这棵树找出频繁项集。FP-Tree的构建过程只需要扫描两次数据集，在处理高维多值数据时避免频繁扫描数据集带来的运行效率低下问题。FP-Growth算法的实现通过以下例子说明。

假设对下述含八组信息的集合Q中的信息进行关联性分析，其中按行划分每组信息，即

$$
Q:\begin{matrix} A & F & C & D & B \\ D & B & E & A & \\ B & E & D & & \\ F & D & A & B & \\ C & D & E & F & \\ A & G & B & & \\ F & B & H & & \\ D & G & E & & \end{matrix} \tag{2-8}
$$

首先进行第一次信息集扫描，统计每一条信息出现的次数，其中A、B、C、D、E、F、G、H出现次数分别为4、6、2、6、4、4、2、1，把出现次数低于设定值（假设定为3）的信息剔除，并将各组信息按出现次数进行组内排序，得到新的集合Q'，表示如下

$$Q':\begin{matrix} B & D & A & F \\ B & D & A & E \\ B & D & E & \\ B & D & A & F \\ D & E & F & \\ B & A & & \\ B & F & & \\ D & E & & \end{matrix} \tag{2-9}$$

然后进行第二次信息集扫描，依次将每一组信息插入FP-Tree中。FP-Tree构建过程如图2-2所示。

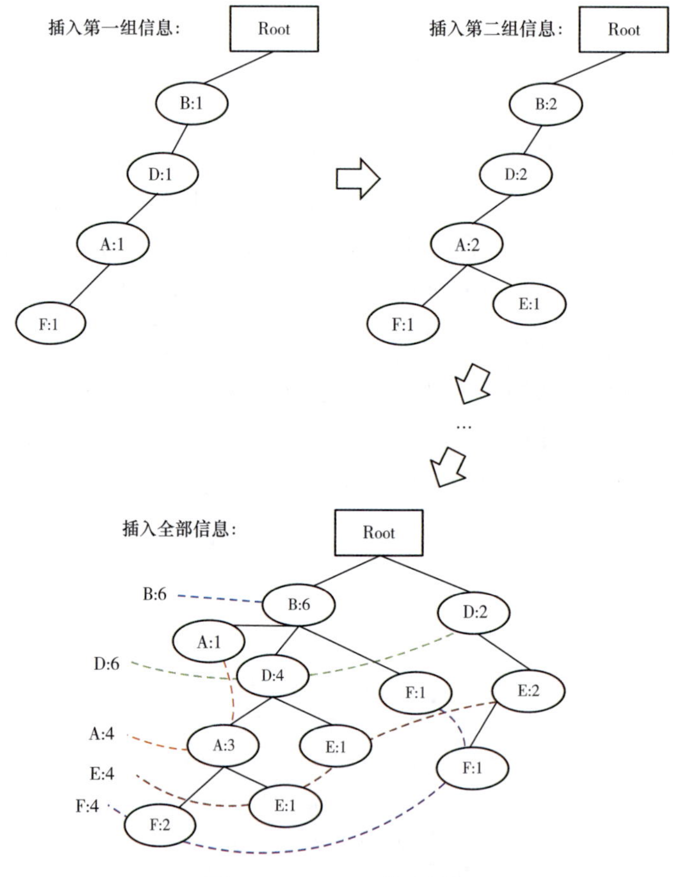

图2-2 FP-Tree构建过程

2.3.2 统计关联模型

Pearson相关系数可以评估两个变量之间的线性相关性，其取值区间为[-1，1]，-1表示完全负相关，+1表示完全正相关，0表示线性不相关。相关系数除了可以判断特征与负荷之间的线性相关性，还可以用来判断特征是否冗余。

两个变量X和Y的Pearson相关系数计算公式为

$$r=\frac{\sum_{i=1}^{n}(X_i-\overline{X})(Y_i-\overline{Y})}{\sqrt{\sum_{i=1}^{n}(X_i-\overline{X})^2}\sqrt{\sum_{i=1}^{n}(Y_i-\overline{Y})^2}} \tag{2-10}$$

计算各特征的两两之间的相关系数，可以得到一个相关系数矩阵，根据矩阵中相关系数的大小决定选取哪些特征。

通过基于Pearson相关系数的相关性分析，得到相关性分析混淆矩阵。这个混淆矩阵的颜色表示相关性的程度，颜色越浅表示相关性越高，取值最高为1；颜色越深表示相关性越低，取值最低为-1。通过观察混淆矩阵，可以发现一些相关性的模式和规律。

通过混淆矩阵的分析，进一步理解特征之间的关系，有助于在后续的数据分析和建模过程中更好地理解数据的特征，选择合适的特征进行建模，并了解特征之间可能存在的相互影响。

2.4 基于SMOTE-ENN数据类不平衡处理

数据分布不平衡是机器学习中一个广为关注的问题。不平衡数据集是指数据集二分类情形下，一个类的数据样本数量要远高于另一个类别。不平衡样本数据集的处理方法包括过采样和欠采样。过采样是通过增加分类中样本数较少的类别的采样数量实现数据的平衡；欠采样是通过减少分类样本中多数类样本的数量来实现样本平衡。但过采样和欠采样都存在一定的缺陷，过采样中如果样本特征少，会导致过拟合的现象，欠采样则会丢失多数类中的一些重要信息。本节采用的SMOTE-ENN算法是欠采样和过采样的组合，在很大程度上克服了欠采样和过采样各自的缺点。

2.4.1 SMOTE算法

人工少数类过采样（synthetic minority over-sampling technique，SMOTE）算法是一种过采样算法，是一种用来解决数据不平衡问题的算法。由于该方法对处理不平衡数据集非常有效，在学术界得到了广泛的运用。SMOTE算法示意图如图2-3所示。

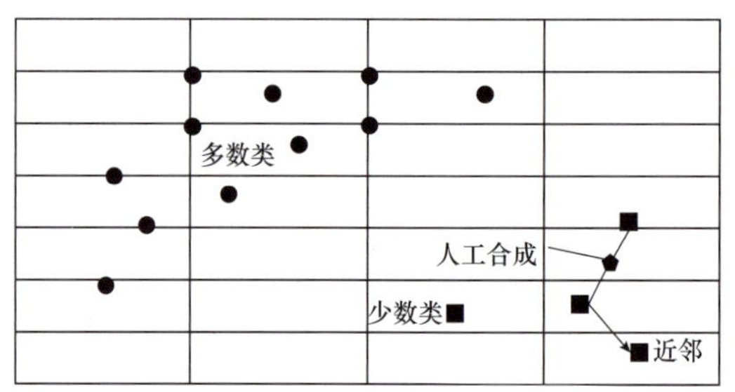

图2-3 SMOTE算法示意图

SMOTE算法的基本思想是对少数类样本进行分析并根据少数类样本人工合成新样本添加到数据集中，下面介绍其算法流程。

第一步：首先从样本集中找出所有的少数类样本*TS*，计算出少数类样本x_i与其他少数类样本点之间的欧氏距离，获得样本x_i的k个近邻，并记为$x_{i,near}$，*near*取值为1、2、3、…、k。

第二步：接着从x_i的k个近邻中随机选择一个样本$x_{i,r}$，再生成一个0～1的随机数g，在此基础上，合成一个新的样本X_{new1}，即

$$x_{new1} = x_i + \left(x_{i,r} - x_i\right) \cdot \xi \tag{2-11}$$

第三步：重复第二步N次，便可获得N个新的样本，记为x_{newi}，其取值为1、2、…、N。若将每个少数类样本都用以上三步骤处理，便能增加少数类样本数量。

2.4.2 *k*近邻算法

k近邻法是于1968年提出的一个最简单的机器学习算法，该方法的思路非常简单直观，即如果一个样本在特征空间中的k个最相似（即特征空间中最邻近）的样本中的大多数属于某一个类别，则该样本也属于这个类别。k近邻法有三个要素：k的选择、距离度量方式和决策规则。其计算流程如下：

第一步：输入训练集：$T=\left\{\left(x_1,y_1\right),\left(x_2,y_2\right),\cdots,\left(x_n,y_n\right)\right\}$，$y_i \in \{C_1,\cdots,C_n\}$ 为训练集数据类别待分类数据的特征向量。

第二步：首先，根据给定的距离变量，在训练数据集T中找到与x_i最近邻的k个点，涵盖这k个点的x_i领域记为$Nk(x_i)$；其次，在$Nk(x_i)$中根据分类决策规则（如多数表决）决定x的类别y，即

$$y = \arctan \max_{C_j} \sum_{x_i \in N_i(x_i)} I\left(y_i = C_j\right), i = 1,\cdots,N; J = 1,\cdots,L \tag{2-12}$$

第三步：输出待分类样本y。k近邻算法中，特征空间中两个训练数据点$x_i=(x_{i1}$，x_{i2}，…，$x_{ip})^{\mathrm{T}}$的距离通常采用欧式距离计算，即

$$L_2(x_i, x_j) = (\sum_{m=1}^{p} |x_{im} - x_{jm}|^2)^{\frac{1}{2}} \tag{2-13}$$

2.4.3 SMOTE-ENN 算法

SMOTE-ENN（synthetic minority over-sampling technique combined with edited nearest neighbors）是一种用于处理不平衡数据集的算法。它结合了两个主要的技术，即SMOTE（synthetic minority over-sampling technique）和ENN（edited nearest neighbors）。

不平衡数据集是指在分类问题中，不同类别之间的样本数量存在明显的不平衡，其中一个类别的样本数量远远超过其他类别。这样的数据集会导致分类模型对多数类别的预测效果较好，而对少数类别的预测效果较差。因此，需要采取措施来处理不平衡数据集，提高模型对少数类别的预测能力。

SMOTE算法是一种过采样方法，用于增加少数类别样本的数量。它通过对少数类别样本进行插值，生成新的合成样本。具体而言，对于每个少数类别样本，SMOTE算法会选择其k个最近邻样本，并在这些样本之间进行插值，生成一些合成样本。这样可以增加少数类别样本的数量，使其与多数类别样本的数量接近，从而平衡数据集。然而，SMOTE算法存在一个问题，即可能生成一些不真实或冗余的合成样本，导致模型过拟合。为了解决这个问题，引入了ENN算法。ENN算法是一种欠采样方法，用于减少多数类别样本的数量。它通过计算每个样本的k个最近邻样本，并删除那些与大多数邻居样本标签不一致的样本。这样可以去除一些具有噪声或冗余信息的多数类别样本，提高分类模型的泛化能力。

SMOTE-ENN算法将SMOTE算法和ENN算法结合起来，形成一个两阶段的处理过程。首先，使用SMOTE算法生成合成样本，增加少数类别样本的数量；然后，使用ENN算法对生成的合成样本和原始样本进行筛选，减少多数类别样本的数量。通过这个过程，可以获得一个更平衡的数据集，适用于训练分类模型。

SMOTE-ENN算法的主要步骤如下：

（1）对少数类别样本应用SMOTE算法，生成合成样本。

（2）将生成的合成样本与原始样本合并，得到一个扩充的数据集。

（3）对扩充数据集应用ENN算法，去除与大多数邻居样本标签不一致的样本。

（4）最终得到一个平衡的数据集，用于训练分类模型。

通过SMOTE-ENN算法处理不平衡数据集，可以提高模型对少数类别的识别能力，并改善整体的分类性能。需要注意的是，在选择SMOTE-ENN算法时，需要根据具体问题和数据集的特点进行调整和优化，以获得最佳的分类结果。

2.5 算例分析

以现代供电服务行业为例，选取JM市PJ区进行基于多维数据下用户和用电行为的知识关联度研究。首先要进行用电信息分析，其目的一方面是获悉电力客户的用电属性，摸清用电类别及相关属性变量与用电量变化间的相互关系；另一方面是研究不同时间、空间尺度，以及细化用电类别下行业分类视角中的用电量变化规律。

然后，在现有信息基础上，以数据分析为手段，针对客户对象，按用户的基本类型将其划分为大工业用电、普通工业、非工业、商业、居民生活、农业生产及农业排灌7类用户（见图2-4），进一步又可细化为更小的分类，诸如小区居民、集成电路、电视机、非金属矿材等50余类不同客户集群，通过分析各项信息指标与各行业客户实际需求的契合度来补充完善信息模型，拓宽信息维度。如基于一定的假设建立一定负荷结构下的和客户用电特性模型（见图2-5），进而分析负荷结构与客户的用电特性的映射关系；又如客户的社会经济属性或是行业发展动向如何影响其负荷曲线（见图2-6），或者用户负荷曲线如何反映其社会经济属性等。目前仍未有现成模型去描述其中的属性关系，可以认为是一个高维且非线性的映射关系，需要用先进的数据分析手段对其降维或是局部线性化来研究任一因素与客户用电特性之间的关系。

综上所述，为实现用电信息分析的目的，对于客服中心内部数据平台，拟定所需数据列表清单。供电局内部系统用户数据及信息见表2-1，其中涉及区域、行业、用户及电能表等不同层级上的数据信息，各类信息分布于供电局营销管理系统及计量系统等内部系统中。

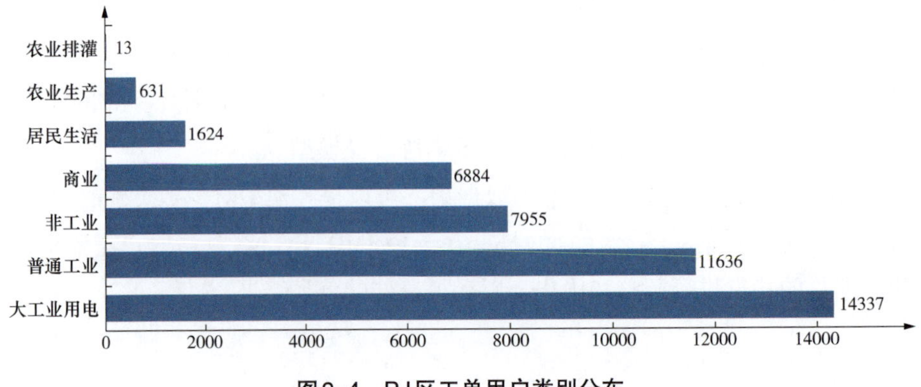

图2-4 PJ区工单用户类别分布

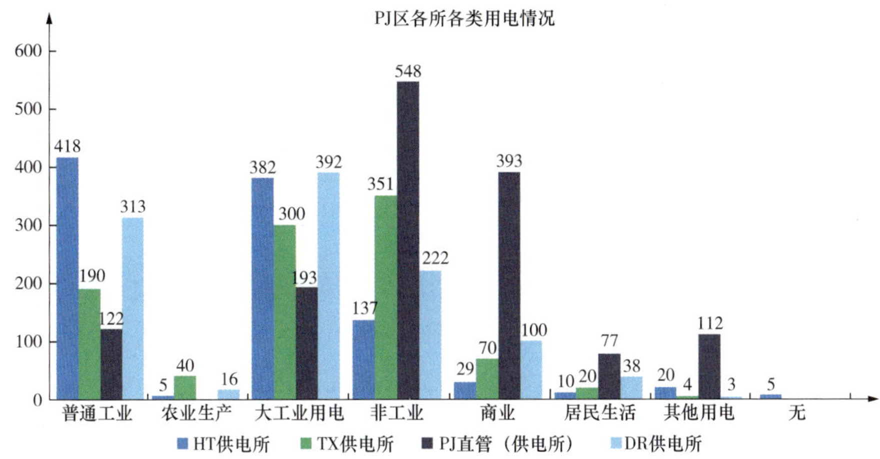

图2-5　PJ区各变电站公线专用变压器用户数量分布

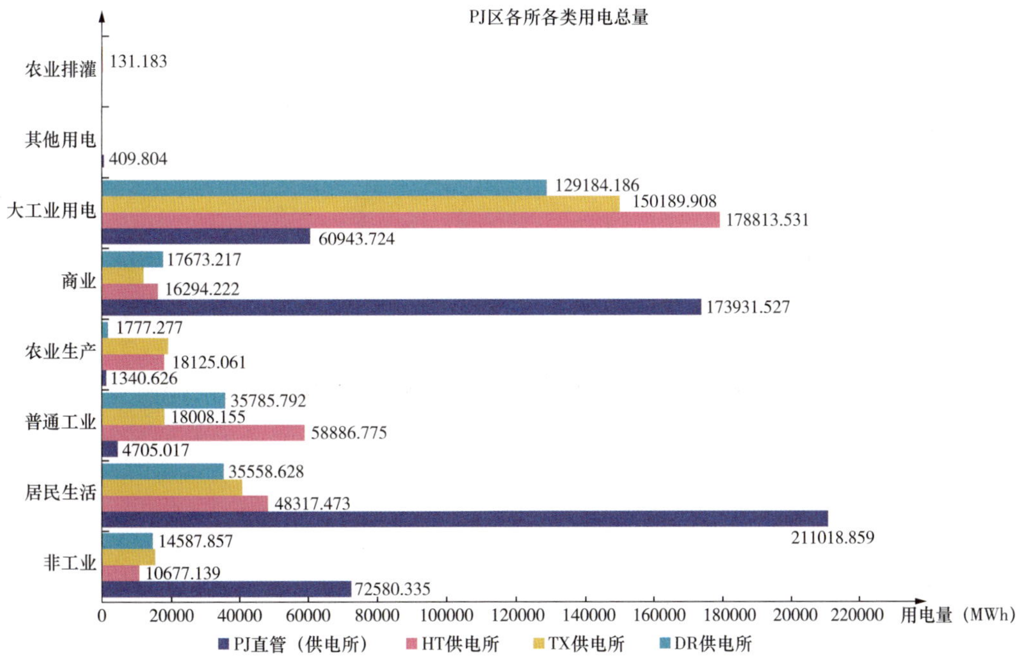

图2-6　PJ区各所辖区行业类别分布

表2-1　　供电局内部系统用户数据及信息

序号	层级	数据来源	类型	内容	颗粒度
1	区域	营销管理系统	用户区域	用户地理位置/所属供电局	—
2	行业	营销管理系统	用户类型	用户电表类型（工/商/居）	—
3	用户	营销管理系统	用户信息	用户名称、用户编号、电表数	—
4	用户	营销管理系统	用户信息	用户类别、行业类别	—
5	用户	营销管理系统	工单信息	业务类别、业务子类	—

续表

序号	层级	数据来源	类型	内容	颗粒度
6	用户	智慧营业厅	工单信息	业务类别、业务子类	—
7	电能表	营销管理系统	电能表信息	报装时间、报装容量	—
8	电能表	计量系统	电量电费	用户月用电量、电费	月度数据

由于用户用电信息数据的异常数据相对较少，且时序数据表现出近邻相似的性质，即与前后相近的一小段时间内的数据具有相似的幅值大小和变化趋势，因而对异常值或缺失值可采用均值填补方法补全。但考虑到多数大用户具有工作日效应，需要做一定的特殊处理。例如，在整理2015—2020年某企业共5个用电点的历史月用电量数据时，可以选择绘制散点曲线，原始月度用电量曲线如图2-7所示。

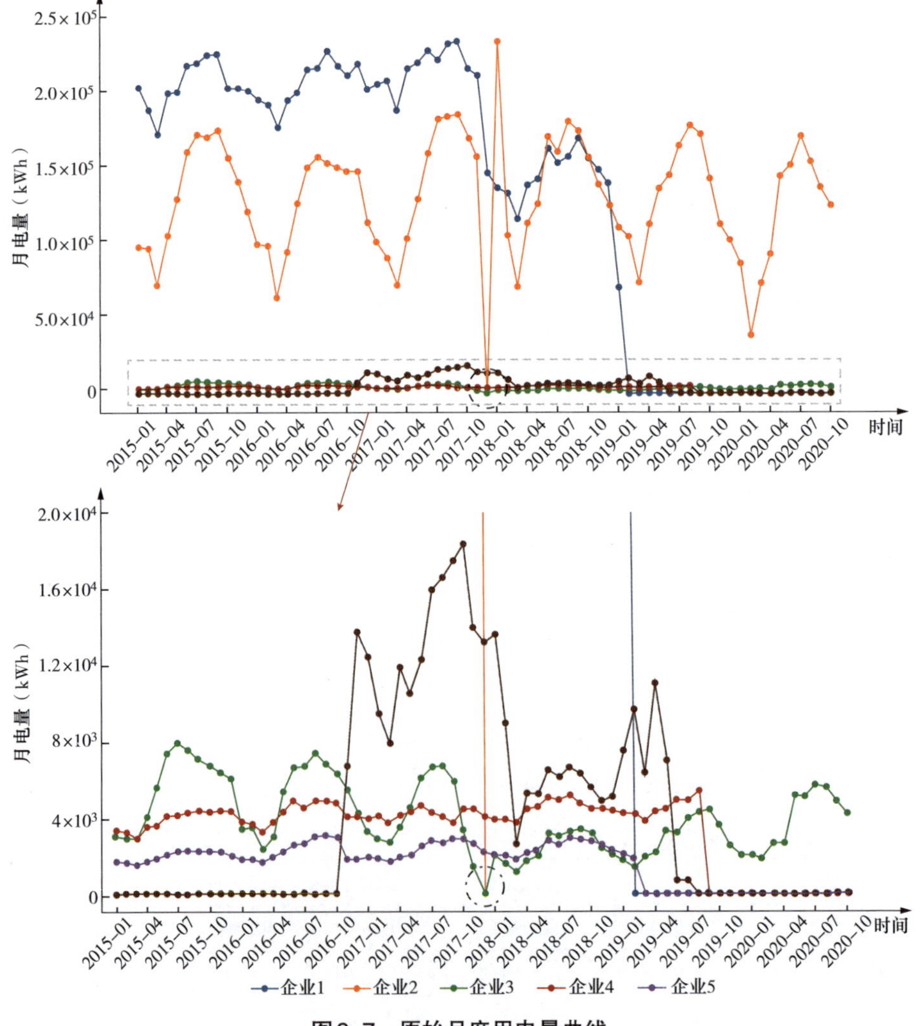

图2-7　原始月度用电量曲线

对此，采用2.2.2提到的基于拉格朗日插值的数据填补算法。其中，式（2-4）中x_l为缺失该天的时序，y_l为缺失该天的用电负荷。插值多项式$y = a_0 + a_1x + a_2x_1^2 + \cdots + a_{n-1}x^{n-1}$构造过程中取缺失数据前后共三年的$n$个数据点$(x_0, y_0),(x_1, y_1),(x_2, y_2),\cdots,(x_{n-1}, y_{n-1})$。根据以上处理结果重新绘制对应的曲线，处理结果如图2-8所示。

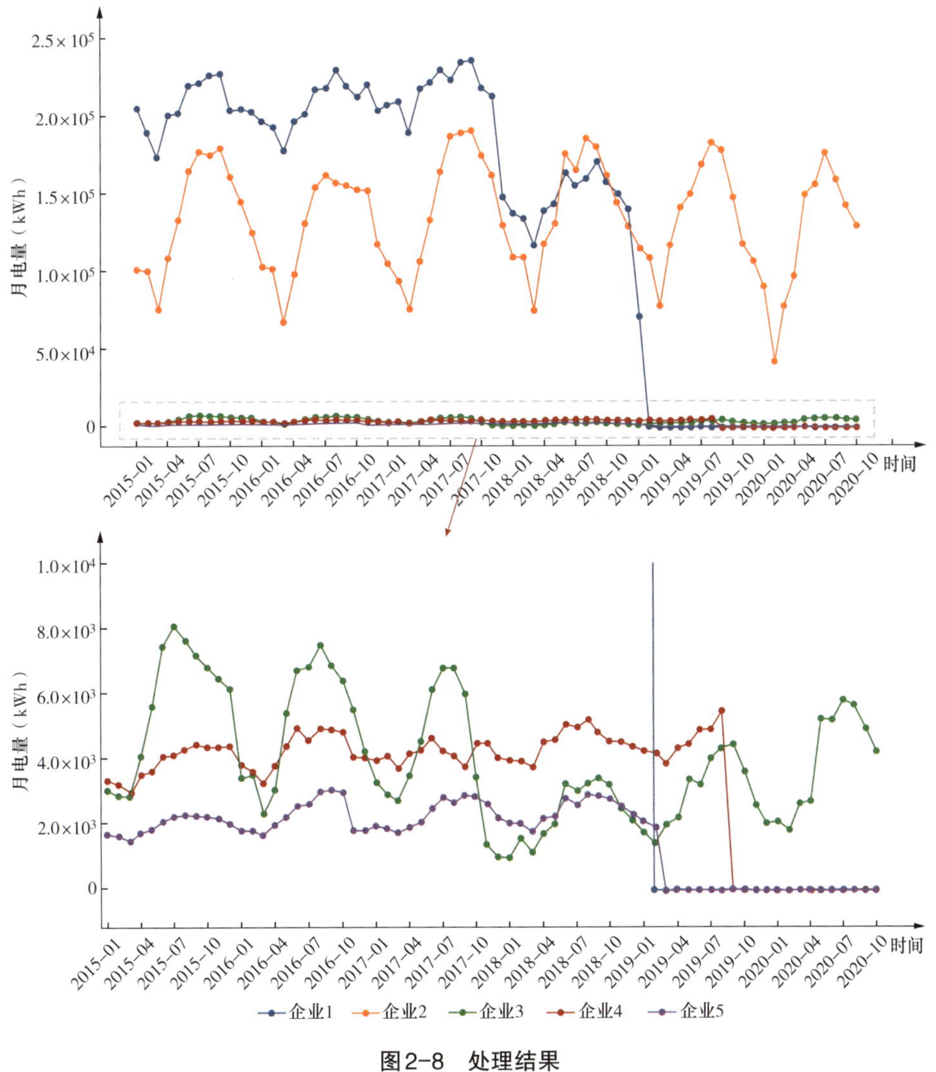

图2-8　处理结果

针对企业2015—2020年5个用电点的历史月用电量数据采用区间标幺化的方法处理，利用式（2-7）将数值归一化到[0，1]。使用的数据类型包括从电量电费为代表的数值型数据、以抄表区段为代表的字符型数据，以及以业务分类、业务类别为代表的文字型数据，工单非数值字段类型见表2-2，然后根据2.2.3进行编码化处理。

表2-2 工单非数值字段类型

业务分类	业务类别	业务子类	用电类别	计量方式	行业分类	用户类别	抄表区段	供电所
object	object	object	object	object	object	object	object	object

图2-9展示了原始工单数据格式，从图2-9可以看出，数据类型与表2-2描述一致，该算例基于LabelEncoder进行编码，编码化数据结果如图2-10所示，从图2-10可以看出，非数值型的数据类型已根据LabelEncoder进行编码化。

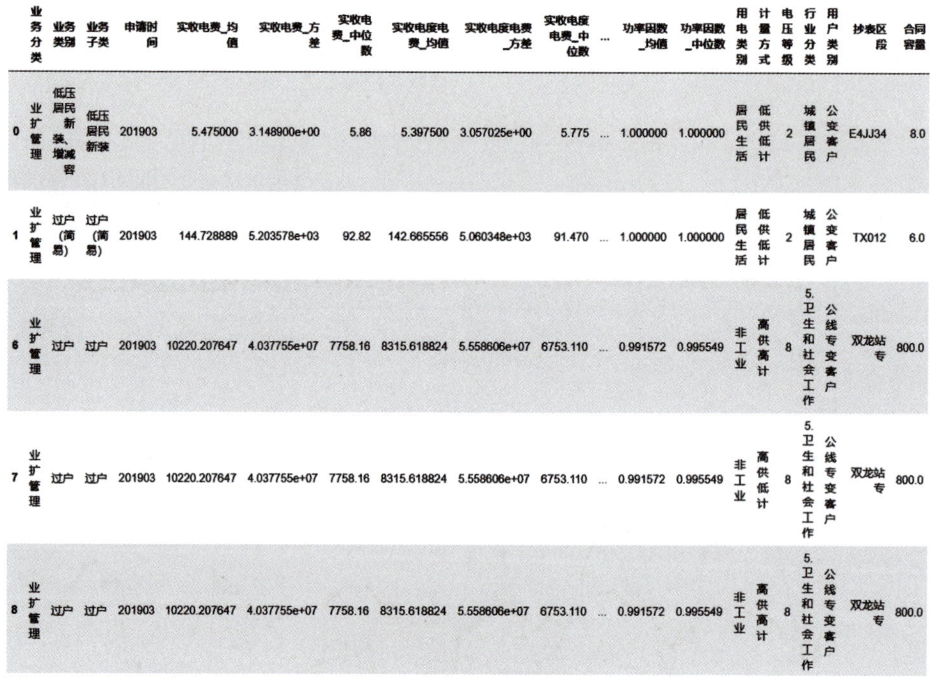

	业务分类	业务类别	业务子类	申请时间	实收电费_均值	实收电费_方差	实收电费_中位数	实收电度电费_均值	实收电度电费_方差	实收电度电费_中位数	...	功率因数_均值	功率因数_中位数	用电类别	计量方式	电压等级	行业分类	用户类别	抄表区段	合同容量
0	业扩管理	低压居民新装、增减容	低压居民新装	201903	5.475000	3.148900e+00	5.86	5.397500	3.057025e+00	5.775	...	1.000000	1.000000	居民生活	低供低计	2	城镇居民	公变客户	E4JJ34	8.0
1	业扩管理	过户（简易）	过户（简易）	201903	144.728889	5.203578e+03	92.82	142.665556	5.060348e+03	91.470	...	1.000000	1.000000	居民生活	低供低计	2	城镇居民	公变客户	TX012	6.0
6	业扩管理	过户	过户	201903	10220.207647	4.037755e+07	7758.16	8315.618824	5.558606e+07	6753.110	...	0.991572	0.995549	非工业	高供高计	8	5.卫生和社会工作	公线专变客户	双龙站专	800.0
7	业扩管理	过户	过户	201903	10220.207647	4.037755e+07	7758.16	8315.618824	5.558606e+07	6753.110	...	0.991572	0.995549	非工业	高供低计	8	5.卫生和社会工作	公线专变客户	双龙站专	800.0
8	业扩管理	过户	过户	201903	10220.207647	4.037755e+07	7758.16	8315.618824	5.558606e+07	6753.110	...	0.991572	0.995549	非工业	高供高计	8	5.卫生和社会工作	公线专变客户	双龙站专	800.0

图2-9 原始工单数据格式

	业务分类	业务类别	业务子类	申请时间	实收电费_均值	实收电费_方差	实收电费_中位数	实收电度电费_均值	实收电度电费_方差	实收电度电费_中位数	...	功率因数_均值	功率因数_中位数	用电类别	计量方式	电压等级	行业分类	用户类别	抄表区段	合同容量
0	0	7	12	201903	5.475000	3.148900e+00	5.86	5.397500	3.057025e+00	5.775	...	1.000000	1.000000	4	0	2	82	1	903	8.0
1	0	28	52	201903	144.728889	5.203578e+03	92.82	142.665556	5.060348e+03	91.470	...	1.000000	1.000000	4	0	2	82	1	1554	6.0
6	0	27	51	201903	10220.207647	4.037755e+07	7758.16	8315.618824	5.558606e+07	6753.110	...	0.991572	0.995549	6	2	8	50	2	1582	800.0
7	0	27	51	201903	10220.207647	4.037755e+07	7758.16	8315.618824	5.558606e+07	6753.110	...	0.991572	0.995549	6	1	8	50	2	1582	800.0
8	0	27	51	201903	10220.207647	4.037755e+07	7758.16	8315.618824	5.558606e+07	6753.110	...	0.991572	0.995549	6	2	8	50	2	1582	800.0
...	...	...	...	...	...	...	...	...	...	...	...	...	...	...	...	...	...	...	...	...
78857	0	8	17	202111	154.620000	7.980501e+02	139.31	41.653333	5.205001e+03	0.000	...	1.000000	1.000000	3	0	2	67	1	1354	10.0
78858	0	24	37	202111	8.956667	1.134763e+01	10.38	8.826667	1.099423e+01	10.230	...	1.000000	1.000000	4	0	2	63	1	1239	8.0
78859	0	8	17	202111	174.540000	2.028621e+02	180.13	57.356667	9.869362e+03	0.000	...	1.000000	1.000000	3	0	2	67	1	1354	10.0
78860	0	30	56	202111	154.741111	6.209086e+03	121.57	152.541111	6.038359e+03	119.810	...	1.000000	1.000000	4	0	2	82	1	330	4.0
78861	0	24	37	202111	13.283333	2.350653e+01	13.77	13.086667	2.288043e+01	13.570	...	1.000000	1.000000	4	0	2	63	1	932	6.0

图2-10 编码化数据格式

对工单整理得到的数据进行不同处理，以进一步分析相关性。在处理过程中，业务分类、业务子类、业务类别和申请时间没有变动，只进行了编码归一化处理，以统一数据的量纲。同时，根据2.3对实收电费、实收电度电费、实收附加费合计、电价和功率因数这几个特征进行统计特征求算，包括均值、方差和中位数，以扩展数据的特征，最终构建了共计27个特征，并绘制特征相关性混淆矩阵。特征相关性混淆矩阵热力图如图2-11所示。

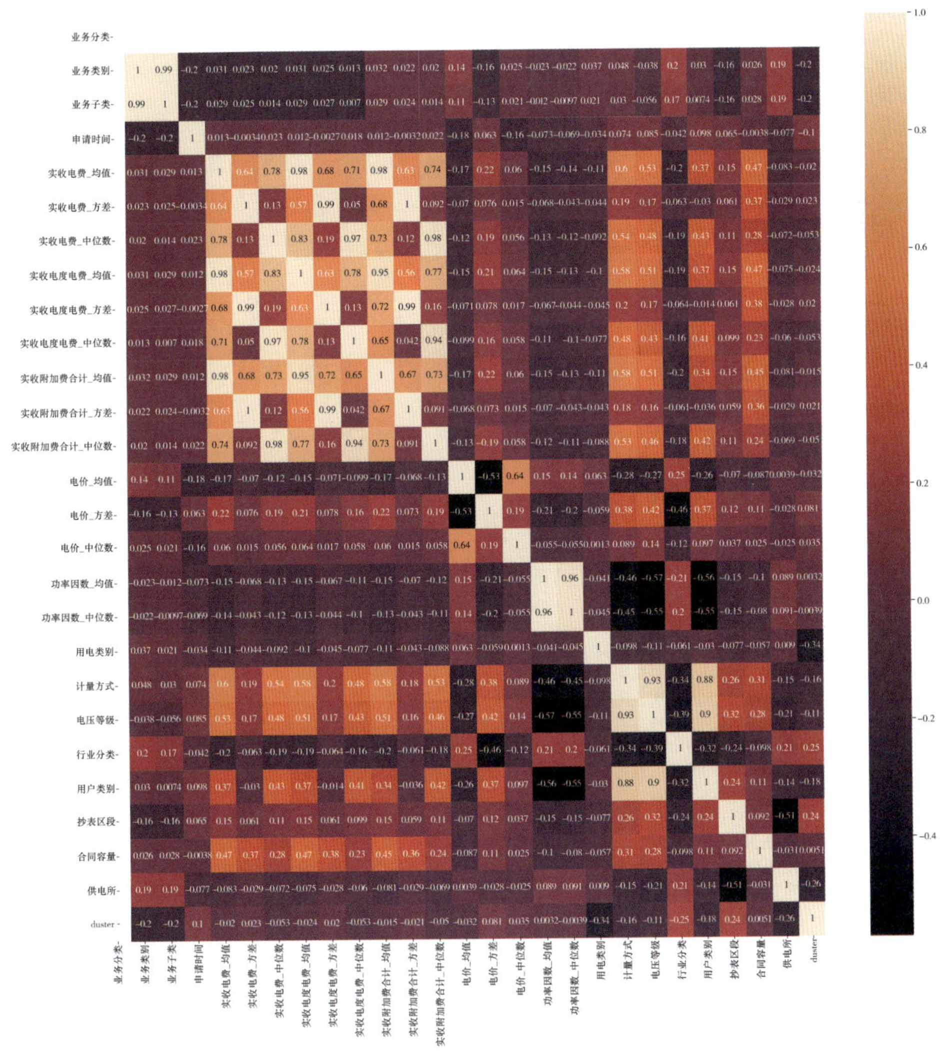

图2-11　特征相关性混淆矩阵热力图

从混淆矩阵中可以看出，电价均值、电价方差、功率因数均值、功率因数中位数、计量方式和电压等级这几个特征可能存在相关性较低的组合。这意味着这些特征之间可能没有明显的线性相关关系。然而，其他特征之间或多或少地存在一定程度的相关性。

为了更直观地展示，对混淆矩阵进行特征相关筛选，取阈值进行筛选，特征相关性阈值筛选如图2-12所示。

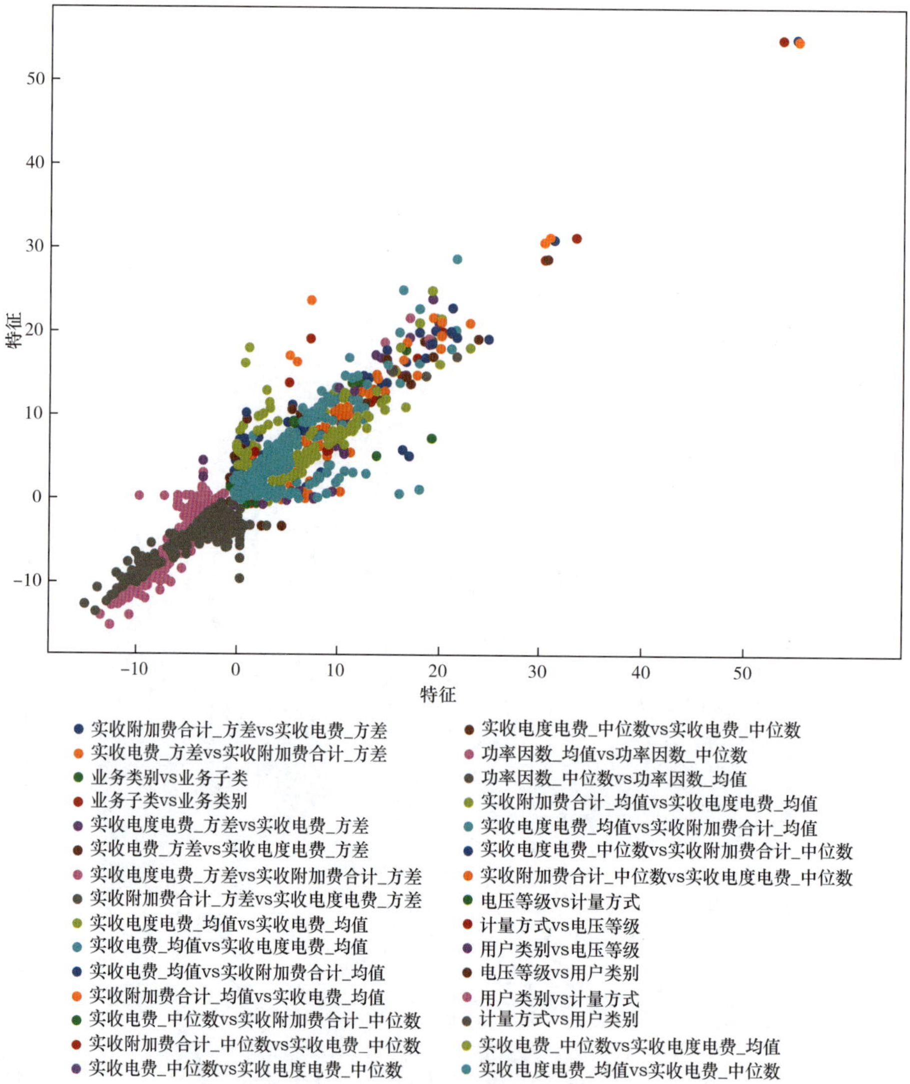

图2-12 特征相关性阈值筛选

从图2-12中可以看出，计量方式与用户类别、用户类别与计量方式、用户类别与电压等级等位于阈值0之下，不做考虑；为了提高精确性，此处仅设置阈值0作为特征筛选条件，后续非线性和其他因素相关性均通过基于LightGBM的特征优选算法进行筛选。

选取JM市PJ区2019年1月—2022年12月的用户用能服务需求数据进行分析，原始数据类别柱状图如图2-13所示，从图中可以看出，数据类别分布较为不平衡，从单类来看，用电信息服务需求数据量高于其余类别；从增值服务和基础服务的角度来看，类不平衡率更高，这将影响机器学习分类算法的精度。

根据2.4所提的SMOTE-ENN算法进行类不平衡处理，由于SMOTE-ENN算法是基于k近邻算法的，这要求每个类别数据量不能少于中位数的50%，所以首先基于简单随机采用，对低于中位数50%的类别数量进行数据增强，同时对于类别数量高于中位数200%的进行随机欠采样，最终得到类别处理，采样前数据类别柱状图如图2-14所示。

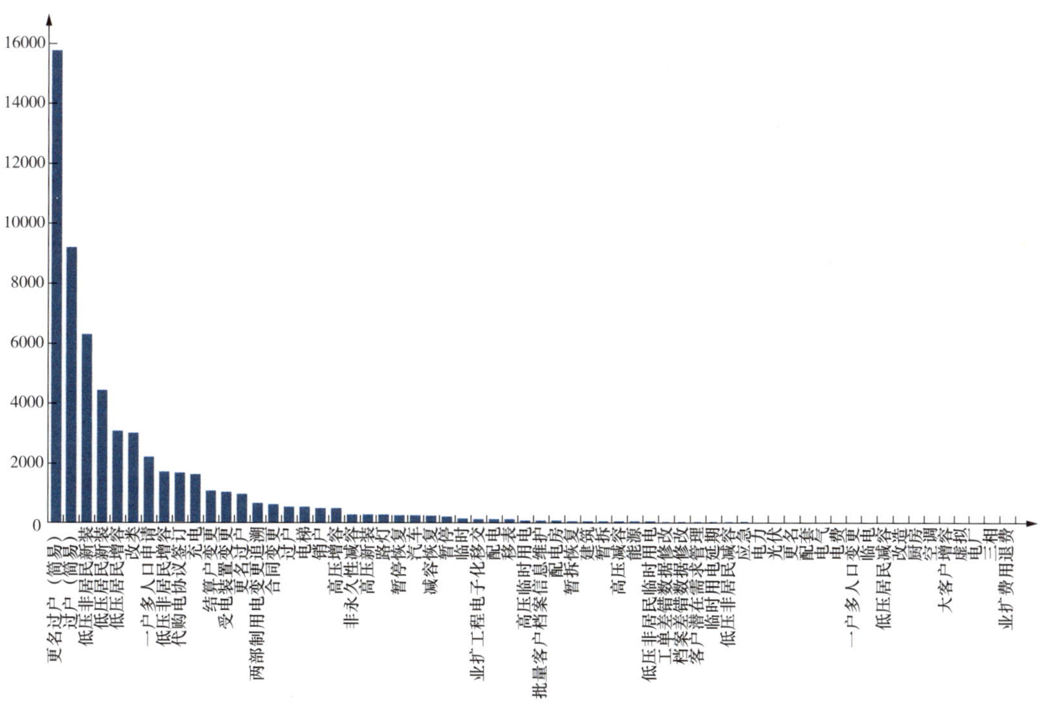

图2-13　原始数据类别柱状图

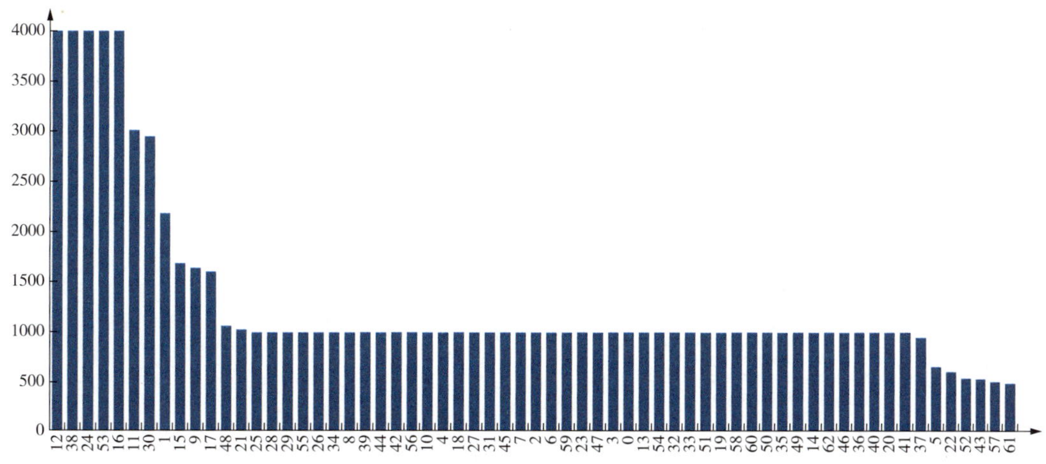

图2-14　采样前数据类别柱状图

由于采样算法均要求数据是数值型，所以需要在进行采样算法前进行编码化。从图2-14可以看出，每个类别的样本数量虽然一定程度上减少了样本数据畸变率，但从统计学的角度来看，这并不符合正态分布，而且每个类别数据之间的差异性没有体现，依旧影响机器学习算法的识别率，所以在此基础上引入SMOTE-ENN算法进行最终数据类不平衡处理，并辅以样本类别权重给予，弱化易识别的基础业务类别，得到最后的处理结果。原始数据类别柱状图如图2-15所示。

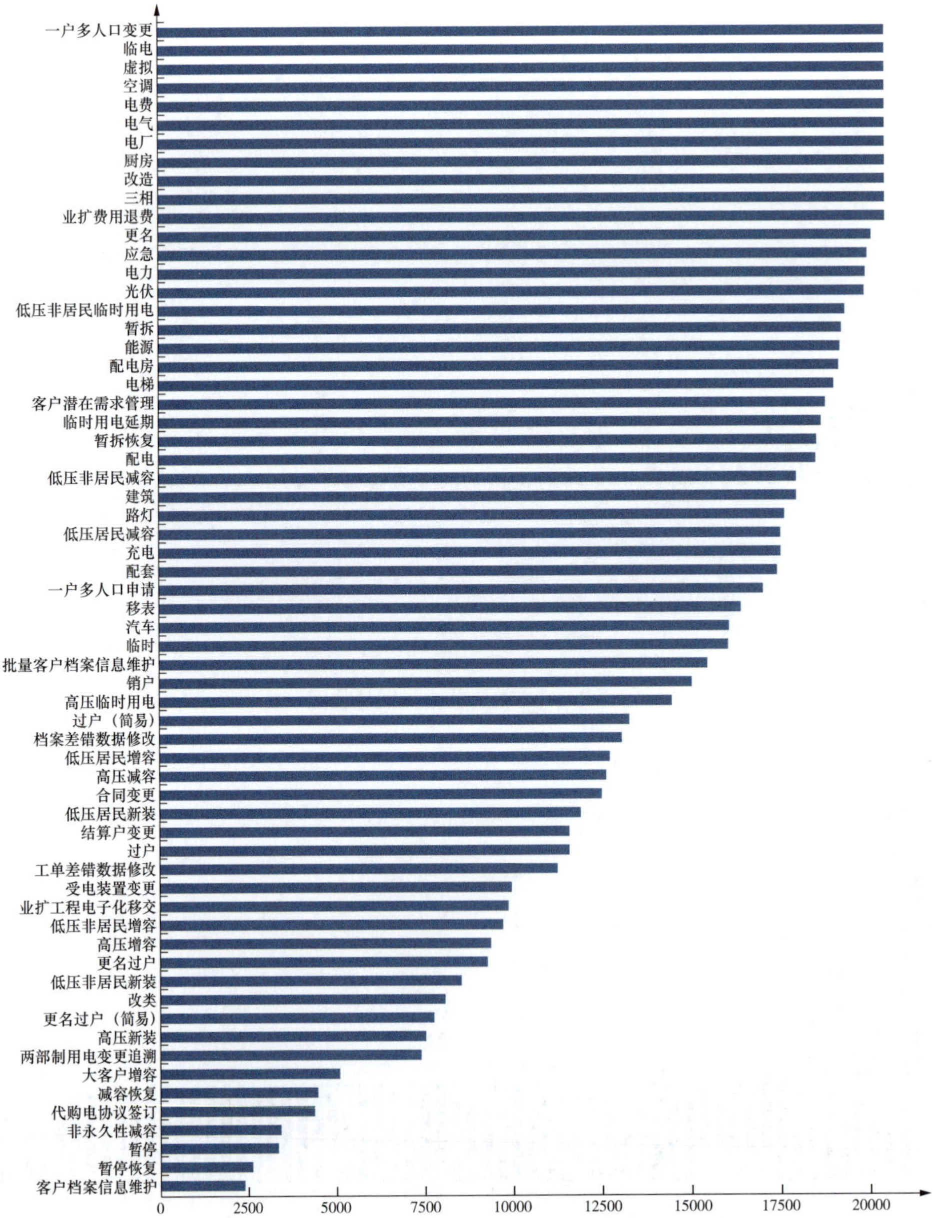

一户多人口变更
临电
虚拟
空调
电费
电气
电厂
厨房
改造
三相
业扩费用退费
更名
应急
电力
光伏
低压非居民临时用电
暂拆
能源
配电房
电梯
客户潜在需求管理
临时用电延期
暂拆恢复
配电
低压非居民减容
建筑
路灯
低压居民减容
充电
配套
一户多人口申请
移表
汽车
临时
批量客户档案信息维护
销户
高压临时用电
过户（简易）
档案差错数据修改
低压居民增容
高压减容
合同变更
低压居民新装
结算户变更
过户
工单差错数据修改
受电装置变更
业扩工程电子化移交
低压非居民增容
高压增容
更名过户
低压非居民新装
改类
更名过户（简易）
高压新装
两部制用电变更追溯
大客户增容
减容恢复
代购电协议签订
非永久性减容
暂停
暂停恢复
客户档案信息维护
0 2500 5000 7500 10000 12500 15000 17500 20000

图2-15　原始数据类别柱状图

从图2-15可以看出，各类别数量呈现正态分布，且样本平衡率得到满足，这将有益于分类算法精确性的提高。

2.6 本章小结

本章首先介绍了用户信息采集及建模技术研究，以此获得原始数据；然后，基于此进行数据预处理，预处理手段包括基于孤立森林算法的异常数据识别和基于拉格朗日插值法的数据填补算法，在此基础上使用LabelEncoder进行非数值型文本编码处理；随后，进行用户数据分析及特征构造，选用特征关联模型与统计关联模型进行特征构造；最后，引入SMOTE-ENN算法进行数据类不平衡处理。

用户聚类及标签库的建立

电力、交通、医疗、电商、通信等行业均面临一个复杂的共通问题：如何基于用户的基础数据特征，诸如各种行为指标和属性参数，精确地对客户进行分类，以实现较为准确的服务需求预测。传统的分类方法往往依赖经验规则，但由于这些规则的通用性，其分类结果不够准确。为了提高分类模型的准确性，可采用数据驱动的方法，从而减少主观偏见对分类结果的干扰。

然而，不同领域内不同类型的客户对服务的需求存在差异，基础数据特征无法有效满足对于用户画像的精准构建。为了更好地满足各领域内客户的服务需求，必须充分考虑每个领域的特征，挖掘并提取与之相关的特征数据，只有这样才能够建立一个全面且多维度的标签库，从而为客户提供主动式服务。

在面对不断变化的市场环境和用户需求时，精确预测客户的需求尤为重要。要实现精准的需求预测需要从用户聚类开始，通过将具有相似特征和行为的用户划分到同一类别，可以更好地洞察不同类别用户的需求趋势。基于这样的用户分类，可以更准确地预测每个类别用户的需求，为其提供有针对性的服务和产品。

本章所述的方法是通用的，其适用于其他领域，包括数据中心、交通、医疗等领域。本章将以电力领域内的问题作为实例进行分析验证。首先，解决数据类别不平衡的问题；接着，通过引入自动编码器，实现数据的降维处理；紧接着，在特征和权重的指导下，采用聚类方法来搜索数据中的相似性，进而能够更加精确地根据用户的行为特征进行分类和预测需求。

这种以数据驱动为核心的分类和需求预测方法将有助于在各个领域内实现更为精细的分类和更准确的需求预测。而且，基于这些分类和预测结果，还可以构建跨领域的多标签库，量化用户的多类别服务需求，以更好地满足不同领域客户的服务需求。

综上所述，本章的主要目标是通过数据驱动的方式，对客户进行精细分类和需求预测，从而提供更加准确、个性化的服务，以满足客户日益多元化的需求。本章主要以电力领域为实例，详细展示这一方法的应用过程和优势。

3.1 基于自动编码器与*k*-means聚类算法研究

3.1.1 自动编码器算法研究

自动编码器（auto-encoder，AE）是一类常用于无监督或者自监督学习中的深度神经网络，它可以在不给定样本标签的前提下获取样本的深度特征。自动编码器模型结构示意图如图3-1所示，自动编码器模型主要分为两个部分，即编码和解码部分。编码器部分是将样本的原始特征作为输入，作为输入应尽可能地去将该深度特征还原为原始的样本特征，目的是提取样本的深层特征，深度特征应能够很好地囊括该输入样本的原始特征信息；解码器部分是将编码层的输出。

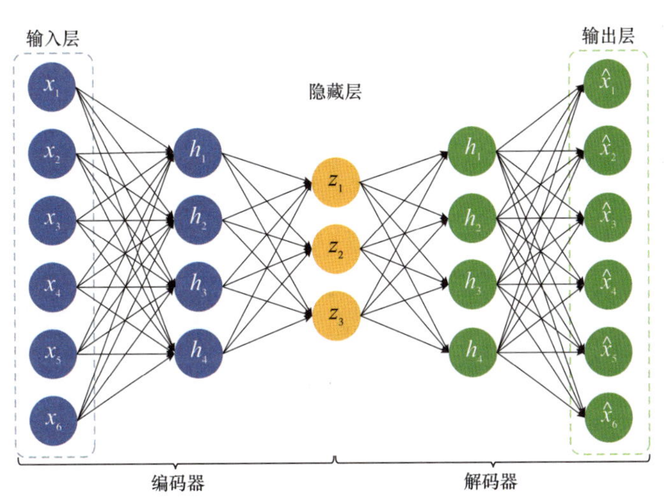

图3-1　自动编码器模型结构示意图

自动编码器的结构一般是对称的，模型通过对比重构出的样本和原始样本之间的差异来判断模型的编码和解码能力。当重构出的样本与真实样本越相似时，模型的编码和解码能力就越强，此时模型的编码层部分就可以有效地提取样本的特征了。另外，自动编码器的编码层还起到了非线性降维的作用，但自动编码器的降维方式是一种有损降维操作，即降维后的数据无法 100% 得到还原，只能与原始数据近似。当自动编码器的编码层进行特征提取时，降维后的特征相较于原始特征存在一定的信息丢失，但是相比传统的降维算法（如PCA、LDA等算法），其通过自动编码器降维后的特征信息能够较好地替代原始特征，并能通过解码器得到有效还原。

由于用电信息量巨大，而且相比之下存在错误的异常数据非常少，若对每一个数据都进行距离计算，涉及的计算量十分庞大。因此，在对数据进行距离计算前，通过自动编码器对数据进行降维，基于降维后的数据进行聚类分析，在保证聚类精确度的前提下，也能提高聚类效率。

基于自动编码器降维后的速度对比如图3-2所示，图中显示的是使用及不使用自动编码器对于聚类速度的对比，其中绿色线是使用了自动编码器的聚类速度，红线是未使用自动编码器的聚类速度，可以明显看出，使用自动编码器聚类速度有较大提升。

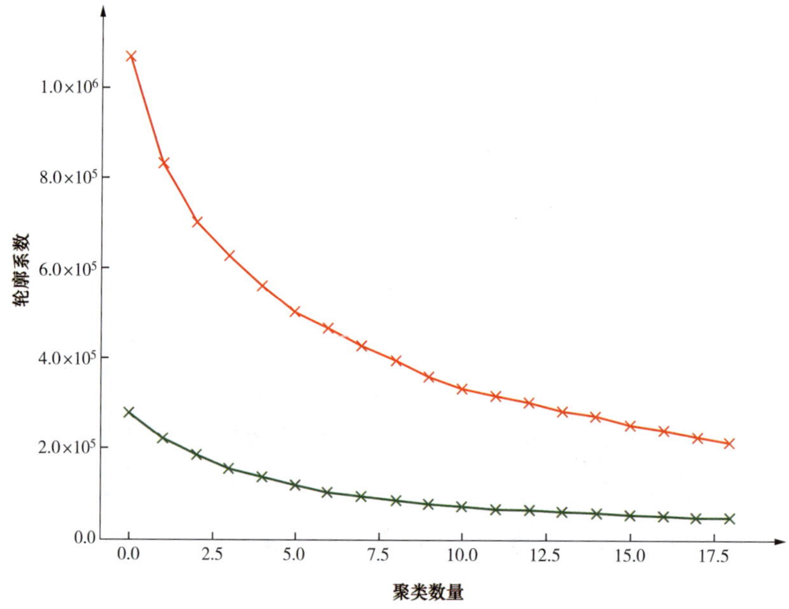

图3-2　基于自动编码器降维后的速度对比

3.1.2 聚类算法研究

1. 聚类分析概述

聚类分析是基于相似性对数据进行分类的一种方法，利用聚类分析可将数据集划分为若干个区域。但对于大部分聚类算法，其算法的复杂度通常与输入数据集的数据总量的平方正相关，而此处分析的数据总量很大，因此会在聚类分析这一步消耗大量时间和存储空间，节省计算量的效果将会大打折扣。

在聚类之前要先进行特征构造，具体来说，样品指标（变量）之间存在程度不同的相似性，根据一批样品的多个观测指标（变量），具体找出一些能够度量指标

（变量）之间相似程度的统计量，以这些统计量作为划分类型的依据。把一些相似程度较大指标（变量）的样品聚合为一类，把另外一些彼此之间相似程度较大的样品又聚合为另一类，直到把所有的样品聚合完毕。

2. 常用聚类分析方法

应用聚类技术来获得一组“集群化”和有代表性的场景是非常必要的。目前常用的聚类分析方法主要有以下4种。

（1）基于聚类特征概括的方法。对规模庞大到不能一次性读入内存的原始数据集，可以先识别，归纳出其中的某些数据对象，降低其对内存的占用，从而完成大规模数据的聚类分析，经典方法为利用层次法的平衡迭代归纳聚类算法。

（2）基于密度聚类的方法。判断哪个区域的点很密，其密度超过了设定的阈值，那么就把这个区域中的点归为一类。这种算法的优点是可以找到任意形状的簇，并且对噪声不敏感。具有噪声的基于密度的聚类方法（density-basedspatial clustering of applications with noise，DBSCAN）是一种典型的基于密度聚类的算法，不仅能够消除数据集中的噪声，也能够发现任意几何结构的簇。

（3）基于采样聚类的方法。如果不能一次完全将原始数据读到内存中，则可以以某种方式采样对原始数据集进行处理，用样本点代表原始数据集，利用样本点聚类大规模数据。

（4）基于约束信息的半监督聚类方法。一种用约束信息来监督聚类的搜索过程，根据半监督的思想，用少量的标签数据或部分约束信息指引聚类过程进行，从而高效地完成大规模数据的聚类。

3. *k*-means聚类算法

k-means聚类算法非常简单，在实际问题中得到了广泛应用，比如风电预测和负荷估计等。*k*-means聚类算法是一种无监督的学习，算法中采用欧式距离作为相似度测量，损失函数J为各个样本距离所属簇中心点的误差平方和（sum of squared error，SSE），具体表示为

$$J(c,\mu)=\sum_{i=1}^{M}\| x_i-\mu_{c_i} \|^2 \tag{3-1}$$

式中：x_i为第i个样本；c_i为x_i所属的簇；μ_{c_i}为簇所对应的中心；M为样本数量。

k-means聚类算法的核心是将给定的数据集以损失函数最小为目标，划分k个簇，并给出每个簇的中心点。算法流程可分为以下四步：

（1）对原始数据进行标准化处理，防止“大数吃小数”。

（2）随机选取k个中心，记为$\mu_1^{(0)},\mu_2^{(0)},\mu_3^{(0)},\cdots,\mu_k^{(0)}$。

（3）定义损失函数$J(c,\mu)=\min\sum_{i=1}^{M}\| x_i-\mu_{c_i} \|^2$。

（4）令$t=0, 1, 2, \cdots$为迭代步数，重复以下过程直到收敛：

1）对于样本x_i，将其分配到距离其最近的中心，表示为

$$c_i^t = \arg\min_k \| x_i - \mu_k^t \|^2 \tag{3-2}$$

2）对于每个类的中心，重新计算，具体为

$$\mu_k^{(t+1)} = \arg\min_\mu \sum_{i:c_i^t=k}^{b} \| x_i - \mu \|^2 \tag{3-3}$$

利用k-means聚类算法对某用户负荷数据进行聚类，可得到典型用电曲线，负荷曲线聚类结果如图3-3所示。

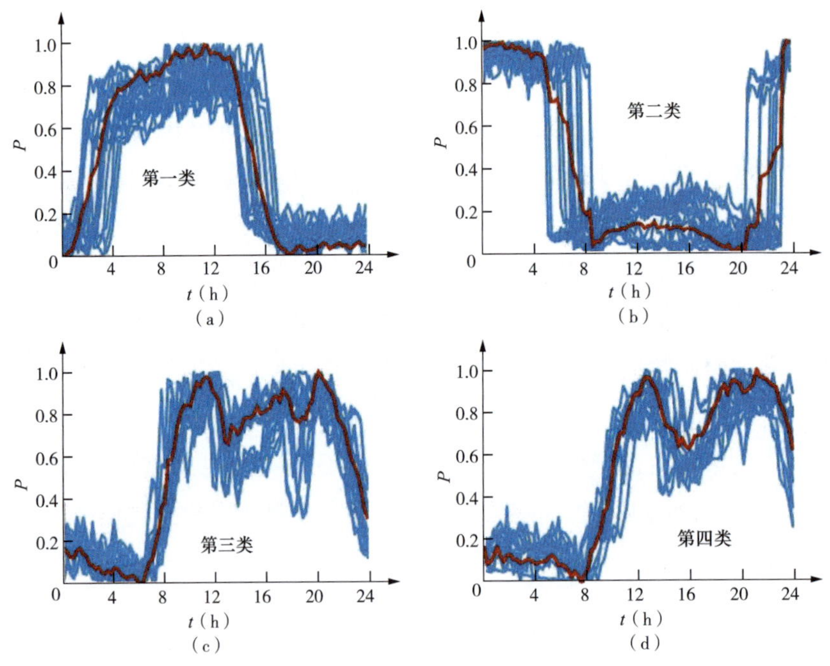

图3-3　负荷曲线聚类结果

（a）第一类；（b）第二类；（c）第三类；（d）第四类

4. AP聚类

k-means聚类算法对初始分区非常敏感，并且非常依赖聚类的数量。与此相反，近邻传播（affinity propagation，AP）聚类能够避免由于初始化不正确而导致的大多数不好的解决方案，因为其同时将所有数据点视为候选中心，并逐步识别集群。虽然AP聚类仍然不能保证全局最优，但有文献通过实验证明了AP聚类相对于大多数聚类技术的一致性优势。

AP聚类的过程可以总结为以下几个步骤：

步骤1：初始化算法，$\boldsymbol{r}(i,k)=\boldsymbol{a}(i,k)=0$。职责矩阵$\boldsymbol{r}(i,k)$表示每个数据点$i$对候选榜样$k$比对其他候选榜样$k'$的偏爱程度，可用性矩阵$\boldsymbol{a}(i,k)$表示每个候选榜样$k$作为数

据点i的集群中心的可用程度。

步骤2：更新职责矩阵$\boldsymbol{r}(i,k)$，表示如下

$$\boldsymbol{r}_{t+1}(i,k)=\boldsymbol{s}(i,k)-\max_{k\neq k'}\{\boldsymbol{a}_t(i,k')+\boldsymbol{s}(i,k')\} \tag{3-4}$$

式中：相似矩阵$\boldsymbol{s}(i,k)$表示数据点k适合作为数据点i的榜样的程度，通常设置为负的平方误差（欧氏距离）。

步骤3：更新可用性矩阵$\boldsymbol{a}(i,k)$，可表示为

$$\boldsymbol{a}_{t+1}(i,k)=\min\left\{0,\boldsymbol{r}_{t+1}(k,k)+\sum_{i'\notin\{i,k\}}\max\{0,\boldsymbol{r}_{t+1}(i',k)\}\right\} \tag{3-5}$$

$$\boldsymbol{a}_{t+1}(k,k)=\sum_{i'\neq k}\max\{0,\boldsymbol{r}_{t+1}(i',k)\} \tag{3-6}$$

步骤4：引入衰减因子λ避免发生震荡，表示为

$$\boldsymbol{r}_{t+1}(i,k)\leftarrow(1-\lambda)\boldsymbol{r}_{t+1}(i,k)+\lambda\boldsymbol{r}_t(i,k) \tag{3-7}$$

$$\boldsymbol{a}_{t+1}(i,k)\leftarrow(1-\lambda)\boldsymbol{a}_{t+1}(i,k)+\lambda\boldsymbol{a}_t(i,k) \tag{3-8}$$

步骤5：重复步骤2～4，直到$\boldsymbol{r}(i,k)$和$\boldsymbol{a}(i,k)$稳定，或者达到最大迭代次数。

采用AP聚类分析风电出力和负荷需求不确定性关系验证该算法的有效性。从澳大利亚能源市场运营商机构处获得8760h负荷和风电的历史数据，采用AP聚类后，原始的场景集被分成96个小组，AP聚类的分组结果如图3-4所示，其中圆圈表示选中的代表性场景。为了能够直观地展示AP聚类的效果，图中只包含二维变量。不同于k-means聚类，AP聚类从每个分组中选择一个样本作为聚类中心。

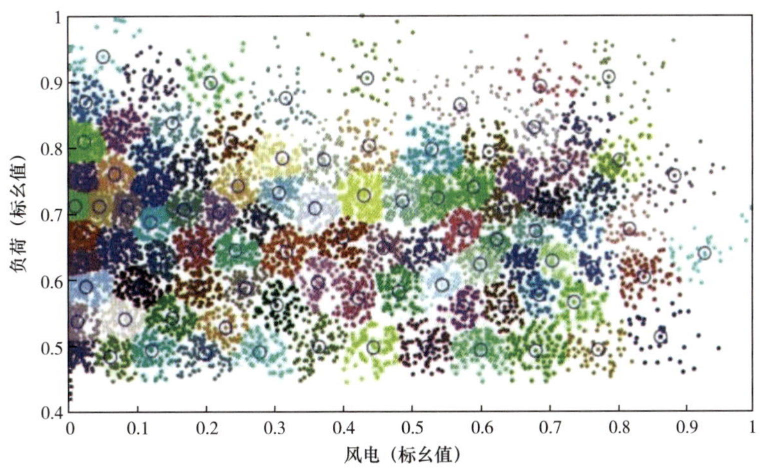

图3-4　AP聚类的分组结果

为了评估AP聚类的表现，从MATLAB的evalclusters函数中选取了三个评估指标作为对比，AP聚类和*k*-means聚类的对比结果见表3-1。

表3-1 AP聚类和*k*-means聚类的对比结果

评估指标	Calinski Harabasz（CH）	Davies Bouldin（DB）	Silhouette（Sil）
AP	1.1485×10^4	0.7610	0.5539
k-means	1.1099×10^4	0.8163	0.5106

指标CH为簇间距离除以簇内邻近度。因此，CH越大，簇内元素越接近，簇间元素越分散；指标DB计算数据簇间的相似度，DB越低，聚类结果越好；指标Sil度量元素与其集群之间的相似性，Sil越高表明元素越强烈地倾向于当前的集群。因此，表3-1的结果说明AP聚类的性能优于*k*-means，将采用AP聚类算法进行深化研究。

5. 算例分析

基于自动编码器及AP聚类算法，开始对用户用能数据进行聚类分析，选取JM市PJ区2019年1月—2022年12月的数据进行聚类算法验证，此处采用肘点法及Silhouette进行聚类效果评判，基于肘点法及Silhouette聚类效果评判曲线如图3-5所示。从图3-5可以看出，分类数量小于5时，聚类效果最佳，但是考虑到电网以客户视角重新构建形成了23项基础供电服务产品清单及29项增值服务业务，且按电网内部大类分服务类别也分为用电报装、用电变更、渠道服务、电费服务、故障抢修、电能质量6个基础服务大类，还包括技术服务、能源服务、用电保电这3大类增值业务。故而，将聚类数量粗定为12类，以此进行聚类效果展示，聚类的分组结果、工单数据聚类表效果图分别如图3-6、图3-7所示，后续章节将基于该聚类结果进行分析。

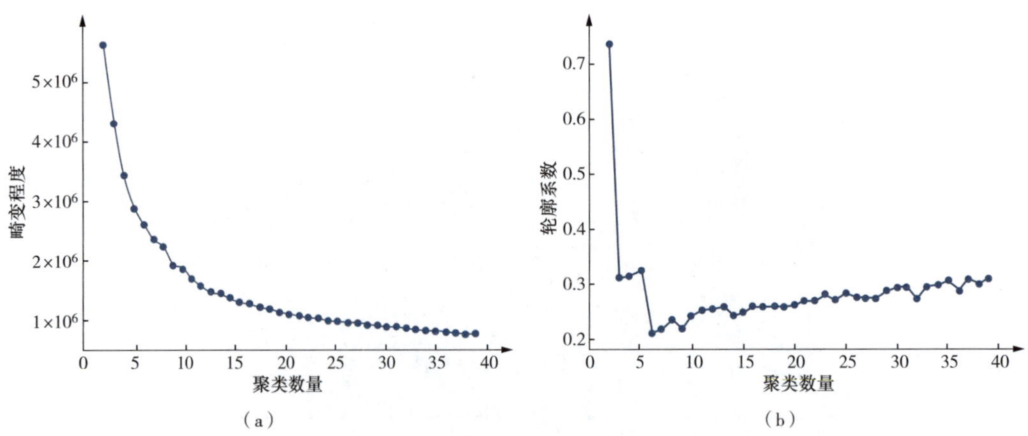

图3-5 基于肘点法及Silhouette聚类效果评判曲线

（a）基于肘点法的聚类效果评判曲线；（b）基于Silhouette的聚类效果评判曲线

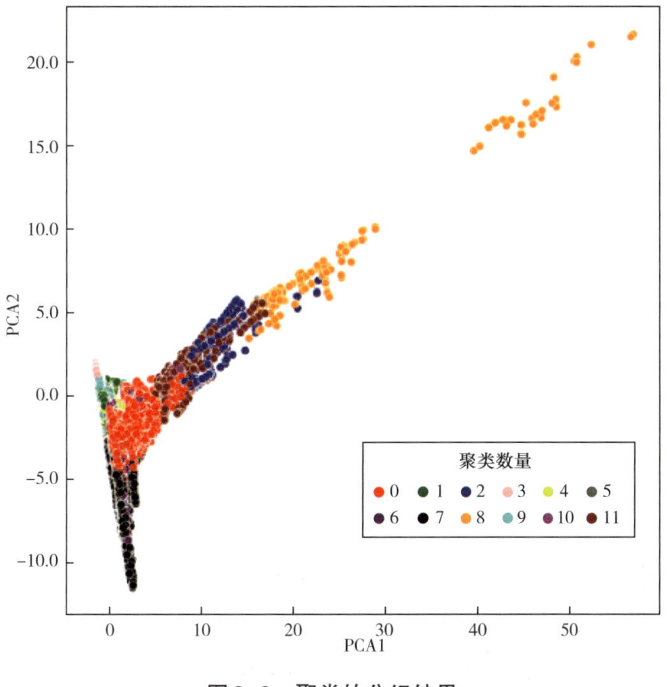

图3-6 聚类的分组结果

5	6	7	8	9	...	15	16	17	18	19	20	21	22	23	聚类数量
-0.167501	-0.194496	-0.070308	-0.180986	0.384246	...	-0.109063	0.158407	-0.338969	-0.508113	0.719255	-0.279278	1.167549	-0.092202	0.027933	3
-0.167501	-0.194496	-0.070308	-0.180986	0.384246	...	-0.096994	0.158407	-0.338969	-0.508113	0.719255	-0.279278	1.167549	-0.092202	0.027933	3
-0.168890	-0.194736	-0.070308	-0.181432	0.384246	...	-0.084925	0.158407	-0.338969	-0.508113	0.719255	-0.279278	1.167549	-0.092202	0.027933	3
-0.168890	-0.194736	-0.070308	-0.181432	0.384246	...	-0.096994	0.158407	-0.338969	-0.508113	0.719255	-0.279278	1.167549	-0.092202	0.027933	3
-0.168890	-0.194736	-0.070308	-0.181432	0.384246	...	-0.096994	0.158407	-0.338969	-0.508113	0.719255	-0.279278	1.167549	-0.092202	0.027933	3

图3-7 工单数据聚类表效果图

从图3-6、图3-7中可以看出，聚类结果重叠较多，这在一定程度上表明每个类别的数据样本可能在其他类别中也存在，即每个样本可能同时具有多个标签。关于多标签解释将在下一节结合电网产品体系进行研究分析。

3.2　用户精细化分群策略研究

3.2.1 电网产品体系分析

南方电网公司聚焦用户价值，构建丰富多元的产品体系，最终体现在南网App中，其App首页按钮界面展现的是23类基础服务，电享圈按钮界面展现的是29项增值业务，南网App功能界面如图3-8所示。

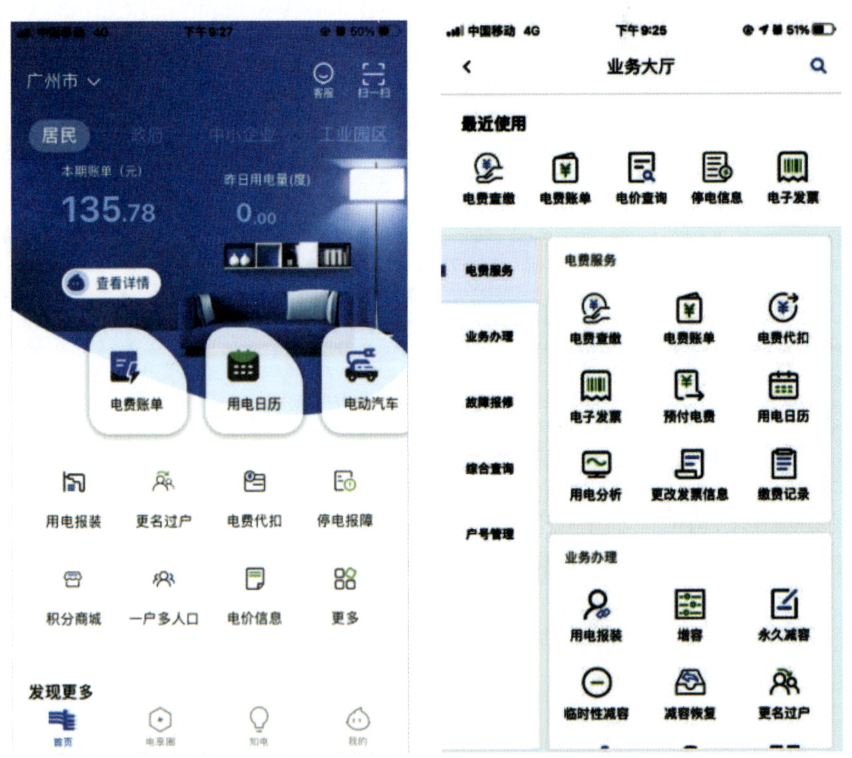

图3-8　南网App功能界面

电网以客户视角重新构建形成了23项基础供电服务产品清单（见表3-2），以服务环节、时限、成本和供电质量等服务内容为核心升级基础供电服务产品标准，进一步优化营商环境。

表3-2　　基础供电服务产品清单

产品/服务类型	序号	产品/服务名称
用电报装	1	居民住宅生活用电服务
	2	生产经营用电服务
	3	开发商统建住宅小区、统建商住小区用电服务
	4	充电桩用电服务
	5	分布式光伏并网服务
	6	临时用电服务
用电变更	1	增减容服务
	2	改类服务
	3	大工业客户基本电费计收方式变更服务
	4	更名过户服务
	5	更改缴费账户服务
	6	合表服务
	7	移表服务
	8	暂拆、暂停及恢复服务
	9	受电装置变更服务
	10	销户服务
渠道服务	1	多渠道服务
用费服务	1	缴费服务
	2	发票服务
	3	电费账单服务
故障抢修	1	抢修复电服务
电能质量	1	可靠供电服务
	2	电能质量服务

围绕从办电咨询到售后服务的电力客户生命周期，归纳形成29项增值服务业务领域，现已上线23项，增值供电服务产品清单见表3-3。并且建立“积木式”产品套餐机制。全面服务国家“双碳”目标，搭建“绿电”积分商城，推出“碳积分”，打造“南网在线”双碳服务电享圈。

表3-3 增值供电服务产品清单

类型	序号	名称	类型	序号	名称	类型	序号	名称
技术服务	1	配电设备运维	用电保电	1	临电共享	能源服务	1	分布式光伏发电
	2	电压暂治理					2	电动汽车充电设施建设
	3	应急抢修					3	电器厨房
	4	谐波治理		2	商业保供电		4	电动汽车充电设施投资、运营
	5	无功治理					5	储能项目解决方案
	6	三相不平衡治理					6	蓄冷设备建设
	7	智慧路灯		3	带电作业		7	能源托管
	8	智能配电房					8	光伏管家
	9	电力设备调试					9	汽车充电管家
	10	配电系统年检					10	运维管家

由表3-2、表3-3可知，整个电网产品服务共分为基础供电服务6大类，增值供电服务3大类，其中基础供电服务与增值供电服务存在关联关系，比如充电桩、光伏发电等，可能属于增值供电服务中的能源服务，也可能属于基础供电服务中的用电报装，这些关联关系相当于用户多样化的用能需求属性，后续在分析用户用能需求时，需要重视发掘用户潜在用能需求，基于相关算法进行需求量化。

3.2.2 基于聚类结果的标签定义

用户的画像工作建立在业务需求调研的基础之上，需进行需求分析工作，了解用户画像的目标和业务的应用场景，利用数据统计分析、数据挖掘等方法将业务模型转化为合适的数学模型，并制定标签规则。因此，在挖掘用户用能需求之前，需充分了解已有用能服务的应用场景、面向用户和影响用户对该用能服务产生需求的关键因素，通过聚类、特征提取等方法提取用户的关键需求特征，生成用户需求特征标签，并建立标签库。

本节将基于电网产品体系的分析，并结合聚类结果分析，选取JM市PJ区，进行聚类结果的标签定义。JM市PJ区基础+增值供电业务子类分布及聚类内结果分布如图3-9所示，工单样本多标签整理图如图3-10所示，从图3-9、图3-10可以看出，5万多张工单里，基础供电业务占比较高，增值供电业务占比较少，基础供电业务多集中于用电变更、用电报装这两大类，增值供电业务主要集中在能源服务里，其他类别占比均较少。其中，能源服务及用电报装重叠度在聚类分析结果中看是较高的，且与其他基础服务类别有交叉。

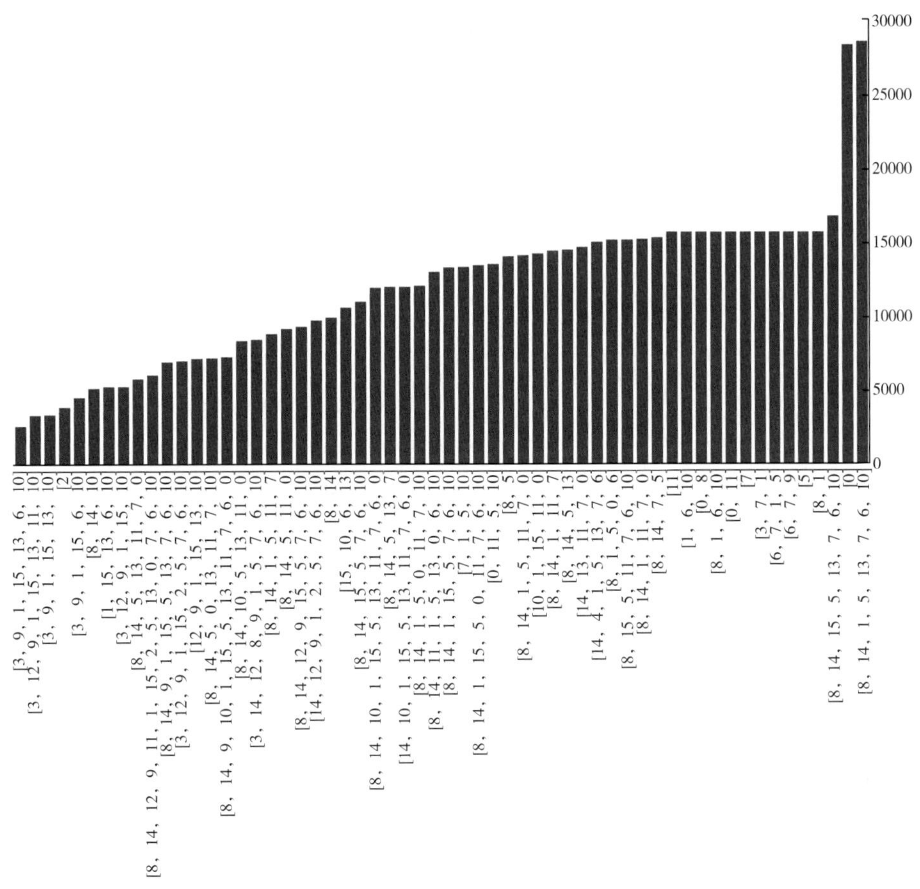

图3-9 JM市PJ区基础+增值供电业务子类分布及聚类内结果分布

实收电费_均值	实收电费_方差	实收电费_中位数	实收电度电费_均值	实收电度电费_方差	实收电度电费_中位数	实收附加费合计_均值	...	用电类别	计量方式	电压等级	行业分类	用户类别	抄表区段	合同容量	供电所	业务子类	labels
1086.942222	4.326977e+05	1031.260000	1074.778889	4.241531e+05	1019.460000	12.163333	...	4	0	3	63	1	793	10.000000	0	0	[0]
554.091111	6.171369e+04	411.550000	547.231111	6.042100e+04	405.820000	6.360000	...	4	0	2	82	1	847	6.000000	3	0	[0]
172.133333	1.431529e+04	152.110000	169.696667	1.391778e+04	149.910000	2.436667	...	4	0	3	82	1	250	20.000000	3	0	[0]
172.133333	1.431529e+04	152.110000	169.696667	1.391778e+04	149.910000	2.436667	...	4	0	3	82	1	250	20.000000	3	0	[0]
172.133333	1.431529e+04	152.110000	169.696667	1.391778e+04	149.910000	2.436667	...	4	0	3	82	1	250	20.000000	3	0	[0]
...	...	...	...	...	...	...	...	...	...	...	...	...	...	...	...	...	...
13383.245414	4.580884e+07	14297.842117	11165.372602	7.392631e+07	13706.098579	476.593856	...	4	1	8	27	2	1131	331.173214	2	61	[1, 15, 13, 6, 10]
35752.266023	1.097880e+08	34389.910564	27241.317683	3.260709e+08	32024.568322	1269.649211	...	4	1	8	39	2	902	250.000000	1	61	[1, 15, 13, 6, 10]
69821.280000	1.139068e+09	79817.410000	42582.685455	1.109648e+09	46008.900000	2924.135455	...	5	2	8	29	2	913	880.000000	2	61	[1, 15, 13, 6, 10]
22990.490062	8.164188e+07	24547.201029	19037.930266	1.764037e+08	23578.666220	946.525127	...	2	1	8	61	2	1218	250.000000	0	61	[1, 15, 13, 6, 10]
530.585874	4.886377e+04	602.271663	175.933745	3.029127e+04	176.542162	11.853266	...	5	2	8	24	2	1204	313.327412	1	61	[1, 15, 13, 6, 10]

图3-10 工单样本多标签整理图

3.3 用户多标签定义方法

3.3.1 用户用能服务多标签构造

需求特征标签并不能直接反映用户的用能需求类型，因此需要建立需求“特征-产品”关联库，用于确定需求特征标签与用能服务产品的对应关系。该步骤需基于聚类标签生成时的需求分析工作，对需求特征标签与服务产品类型进行关联分析，将标签库内所有标签与匹配的服务产品建立关联关系，通过查询“特征-产品”关联库，就可以在确定用户需求特征标签的基础上获取用户对用能服务的潜在需求情况。

由于实际应用中某类用能服务所关联的需求特征标签可能并不唯一，用户可能对多种服务都具有潜在需求，因此需要建立需求量化模型，量化用户需求。首先，对用能服务需求对标签与用能服务之间的关联程度进行量化；然后，根据关联程度的量化结果对服务的关联标签进行排序；最终，根据排序结果可以通过权重法（即根据排序结果对关联的标签赋予一定的权重值，关联程度越大，权重值越大）计算用户对某类服务的需求匹配程度。基于匹配结果，客服可以高效准确地挖掘用户最迫切的需求，实现精准营销。

用户用能需求预测逻辑如图3-11所示，假设共有服务A、服务B和服务C三种服务类型，服务与标签的关联情况为：①服务A：标签1～标签3；②服务B：标签4、标签5；③服务C：标签6。其中，标签按与服务的关联程度大小进行排序。以上即“特征-产品”关联库的内容。基于用户数据，用户被贴上标签2和标签5，因此可以判定用户对服务A和服务B可能具有潜在需求。

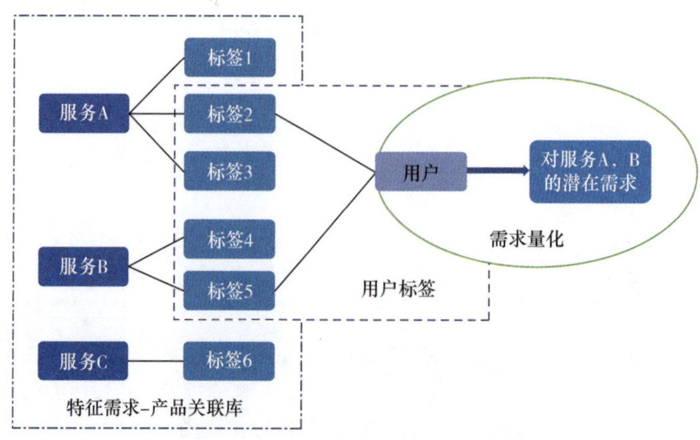

图3-11　用户用能需求预测逻辑

基于上述用户用能需求预测逻辑，再结合3.2.2的聚类结果，进行多标签构造，多标签构造应用的前提是二值化，本节采用哈希算法进行搜索排序并最终构建二维多标签化，多标签二值化结果如图3-12所示。

	业务分类	业务类别	申请时间	实收电费_均值	实收电费_方差	实收电费_中位数	实收电度电费_均值	实收电度电费_方差	实收电度电费_中位数	实收附加费合计_均值	...	14	15	2	3	4	5	6	7	8
0	0	0	202111	1086.942222	4.326977e+05	1031.260000	1074.778889	4.241531e+05	1019.460000	12.163333	...	0	0	0	0	0	0	0	0	0
1	0	0	202109	554.091111	6.171369e+04	411.550000	547.231111	6.042100e+04	405.820000	6.860000	...	0	0	0	0	0	0	0	0	0
2	0	0	202112	172.133333	1.431529e+04	152.110000	169.696667	1.391778e+04	149.910000	2.436667	...	0	0	0	0	0	0	0	0	0
3	0	0	202112	172.133333	1.431529e+04	152.110000	169.696667	1.391778e+04	149.910000	2.436667	...	0	0	0	0	0	0	0	0	0
4	0	0	202112	172.133333	1.431529e+04	152.110000	169.696667	1.391778e+04	149.910000	2.436667	...	0	0	0	0	0	0	0	0	0
...	...	...	...	...	...	...	...	...	...	...	...	...	...	...	...	...	...	...	...	...
693821	0	32	201971	13383.245414	4.580884e+07	14297.842117	11165.372602	7.392631e+07	13706.098579	476.593856	...	0	1	0	0	0	0	1	0	0
693822	0	32	201907	35752.266023	1.097880e+08	34389.910564	27241.317683	3.260709e+08	32024.568322	1269.649211	...	0	1	0	0	0	0	1	0	0
693823	0	32	201907	69821.280000	1.139068e+09	79817.410000	42582.685455	1.109648e+09	46008.900000	2924.135455	...	0	1	0	0	0	0	1	0	0
693824	0	32	202005	22990.490062	8.164188e+07	24547.201029	19037.930266	1.764037e+08	23578.666220	946.525127	...	0	1	0	0	0	0	1	0	0
693825	0	32	202105	530.585874	4.886377e+04	602.271663	175.933745	3.029127e+04	176.542162	11.853266	...	0	1	0	0	0	0	1	0	0

图3-12　多标签二值化结果

多标签分类的学习模型为$F=\{f_1, f_2, \cdots, f_d\}$，其表示多标签数据$d$维特征，$L=\{l_1, l_2, \cdots, l_q\}$表示给定的标签信息。设特征空间为$X=[X_1, X_2, \cdots, X_n]\in R^{n\times d}$，其表示$n$个样例$d$维特征的特征空间，其中$X_i$表示第$i$个样本对应的特征向量，一个输入特征空间$X_i$由$d$维特征向量$[X_{i1}, X_{i2}, \cdots, X_{id}]$构成。设标签空间为$Y=[Y_1, Y_2, \cdots, Y_n]\in R^{n\times q}$，其表示$n$个样例$q$个标签的标签空间，其中$Y_i$表示第$i$个样本对应的标签向量，$Y_i$是由$d$维特征向量$[Y_{i1}, Y_{i2}, \cdots, Y_{iq}]$构成的一个输出空间。综上，该数据集中有$n$个样本、$d$个特征、$q$个标签。此处用（$X_i$, Y_i）表示一个样本，$X_i=[X_{i1}, X_{i2}, \cdots, X_{id}]$表示输入向量，$Y=[Y_{i1}, Y_{i2}, \cdots, Y_{iq}]$表示输出向量（$i\in\{1, \cdots, n\}$），设$D$表示训练集，$D=\{(X_1, Y_1), \cdots, (X_n, Y_n)\}$。那么多标签学习任务的学习过程就是为了得到一个映射函数k：$X\rightarrow Y$，对于任意标签未知的输入样本X'可以预测其对应的标签向量$Y'=[Y_1', Y_2', \cdots, Y_n']$。

为了满足上述多标签分类的学习模型，还需要对多标签化的结果进行二值化，并最终展成多标签数据d维特征。用户用能需求预测d维特征形式如图3-13所示。

实收电费_方差	实收电费_中位数	实收电度电费_均值	实收电度电费_方差	实收电度电费_中位数	实收附加费合计_均值	...	用电类别	计量方式	电压等级	行业分类	用户类别	抄表区段	合同容量	供电所	业务子类	combined_labels
4.326977e+05	1031.260000	1074.778889	4.241531e+05	1019.460000	12.163333	...	4	0	3	63	1	793	10.000000	0	0	[1, 0, 0, 0, 0, 0, 0, 0, 0, 0, 0, 0, 0, 0, 0, 0]
6.171369e+04	411.550000	547.231111	6.042100e+04	405.820000	6.860000	...	4	0	2	82	1	847	6.000000	3	0	[1, 0, 0, 0, 0, 0, 0, 0, 0, 0, 0, 0, 0, 0, 0, 0]
1.431529e+04	152.110000	169.696667	1.391778e+04	149.910000	2.436667	...	4	0	3	82	1	250	20.000000	3	0	[1, 0, 0, 0, 0, 0, 0, 0, 0, 0, 0, 0, 0, 0, 0, 0]
1.431529e+04	152.110000	169.696667	1.391778e+04	149.910000	2.436667	...	4	0	3	82	1	250	20.000000	3	0	[1, 0, 0, 0, 0, 0, 0, 0, 0, 0, 0, 0, 0, 0, 0, 0]
1.431529e+04	152.110000	169.696667	1.391778e+04	149.910000	2.436667	...	4	0	3	82	1	250	20.000000	3	0	[1, 0, 0, 0, 0, 0, 0, 0, 0, 0, 0, 0, 0, 0, 0, 0]
...	...	...	...	...	...	...	...	...	...	...	...	...	...	...	...	...

图3-13　用户用能需求预测d维特征形式

3.3.2 多标签分类算法分析

传统的单标签分类方法不能应用于多标签学习任务中，于是众多算法被提出用于处理多标签数据集，其可以被分成两大类，即问题转化法（problem transfor-mation methods，PTM）和算法适应法（algorithm adaptation methods，AAM），多标签分类算法类型如图3-14所示。

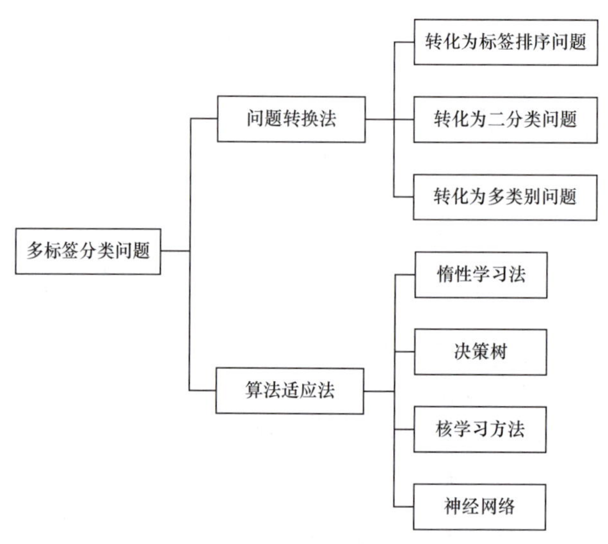

图3-14　多标签分类算法类型

1. 问题转化法

问题转化法在宏观上的理解是将多标记问题转化为其他分类问题，再利用现有学习方法进行处理，其优点是在实现转化后，可以选择更多成熟的监督学习分类算法。

一些学者将多标签分类问题转化为标记排序问题，比如校准标签排序（calibrated label ranking，CLR）算法、标签排序（label ranking，LR）算法等，CLR算法的核心思想是将多标签分类问题分解，将其转换为标签的排序问题，最终的标签就是排序后最大的几个标签值；也有一些学者将多标签分类问题转化为二分类问题，较为有代表性的工作主要有二元关联分类（binary relevance，BR）算法、基于分类器链的分类算法，如分类器链（classifier chains，CC）算法等。BR算法示例如图3-15所示，BR算法主要是将标签向量中的标签预测看作d个独立标签的单分类问题，而后用全部数据为每一个标签训练独立的分类器。该方法简单易懂，但当Y值间存在相互依赖关系时模型泛化能力较弱，并且当标签维度较高时模型会比较庞大。CC算法的核心思想是将多标签分类问题转化成为一个二元分类器链的形式，链后的二元分类器构建在之前预测结果的基础上。CC算法示例如图3-16所示，该方法在BR算法基础上考虑了标签间的依赖关系（标签空间中标签之间的高阶关联性），将多标签分类问题分解为多个有顺序的二分类问题，提前将上一个分类器的输出作为下一即将训练的分类器的输入，并以此类推，最终模型泛化性要强于BR算法，但缺点是对于标签依赖关系很难确定；还有一些研究将多标记分类问题转化为多分类（multi-class classification）问题，其经典的代表性工作有标签集合（label powerset，LP）方法、修剪问题转换（pruned problem transformation，PPT）算法、修剪集合（pruned sets，PS）算法和修剪集合的集成（ensembles of pruned sets，EPS）算法等。LP方法提供了一个新颖的问题转化思路，如图3-15和图3-16所示，将标签集中存在的每个唯一标签的集合视为一个新的单标签多分类的类别，从而将多标签分类问题转化成传统的多分类问题。但由于新类别的数量随着标签的增长而增加，潜在的标签组合增长迅速，基分类器训练时间复杂度变高，LP方法的时间复杂度同时也会变高，并难以预测训练样本集之外的其他标记集合。在此基础上，PPT算法通过删除出现次数最少的标签集的模式降低时间复杂度，但也会导致类信息的丢失。

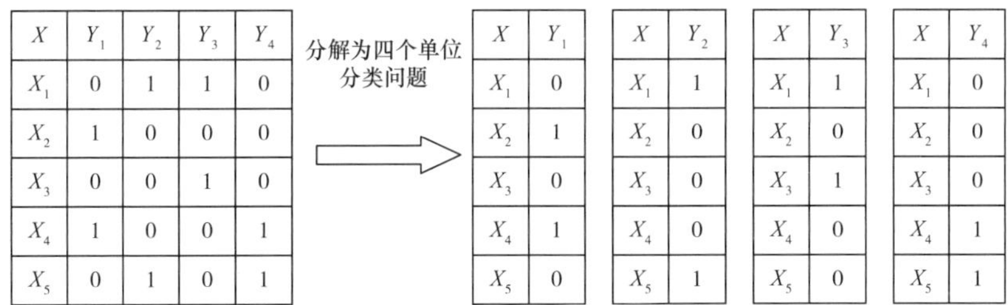

X	Y_1	Y_2	Y_3	Y_4
X_1	0	1	1	0
X_2	1	0	0	0
X_3	0	0	1	0
X_4	1	0	0	1
X_5	0	1	0	1

X	Y_1
X_1	0
X_2	1
X_3	0
X_4	1
X_5	0

X	Y_2
X_1	1
X_2	0
X_3	0
X_4	0
X_5	1

X	Y_3
X_1	1
X_2	0
X_3	1
X_4	0
X_5	0

X	Y_4
X_1	0
X_2	0
X_3	0
X_4	1
X_5	1

图3-15 BR算法示例

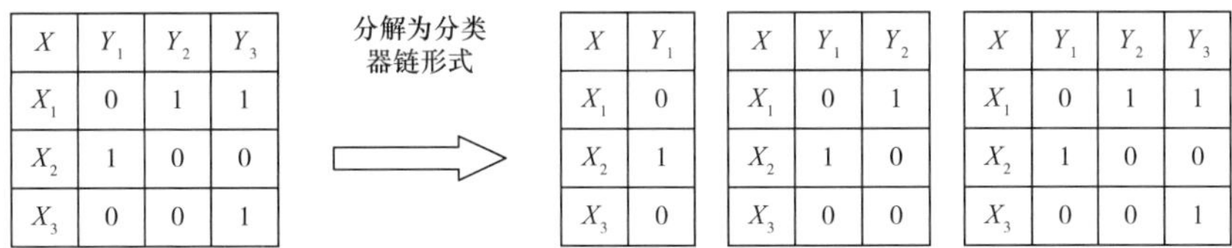

X	Y_1	Y_2	Y_3
X_1	0	1	1
X_2	1	0	0
X_3	0	0	1

X	Y_1
X_1	0
X_2	1
X_3	0

X	Y_1	Y_2
X_1	0	1
X_2	1	0
X_3	0	0

X	Y_1	Y_2	Y_3
X_1	0	1	1
X_2	1	0	0
X_3	0	0	1

图3-16　CC算法示例

2. 算法适应法

算法适应法又称为算法改编方法，与问题转化法不同，该方法主要是通过直接改进一些现有成熟机器算法，使其能够直接对多标签数据集进行分类预测。算法适应法的难度更大，但该方法可以有效地避免信息在问题转化方法过程中的丢失和损失，比如经典的k近邻（k-nearest neighbor，KNN）、支持向量机（support vector machine，SVM）、决策树（decision tree，DT）、神经网络（neural networks，NN）和提升算法（boosting）等算法都是算法适应法常用的一些选择。

（1）KNN算法改编。一些学者将KNN算法改编，代表性的有ML-KNN算法、BR-KNN和LP-KNN算法、B-KNN算法和DML-KNN算法等。其中，ML-KNN根据最大后验概率（maximum a posteriori，MAP）策略预测标签，对每个测试样本，在训练集中找到它的k近邻，通过嵌入临近标签信息做最大后验规则，从而达到预测相对应标签信息的目的。

设对于一个待测样本x，$K(x)$代表样本x在训练集D上的k近邻集合，运用式（3-9）计算x的临近集合包含标签的样本量C_j。

$$C_j=\sum_{(X,Y^*)\in K(x)}[y_i\in Y^*] \tag{3-9}$$

式中：y_i为预测标签；Y^*为预测标签集合。

设H_j表示样本x有标签y_i，则用后验概率$P(H_j|C_j)$表示x的近邻集合样本包含y_i的可能性；后验概率表示为$P(\tilde{H}_j|C_j)$，其表示样本x不包含该标签的可能性，q代表标签的总数。通过MAP定理，发现样本的预测标签集合Y^*表示为

$$Y^*=\{y_i\mid P(H_j\mid C_j)/P(\tilde{H}_j\mid C_j),1\leqslant j\leqslant q\} \tag{3-10}$$

将式（3-10）进行贝叶斯转换，可得到

$$\frac{P(H_j\mid C_j)}{P(\tilde{H}_j\mid C_j)}=\frac{P(C_j\mid H_j)P(H_j)}{P(C_j\mid \tilde{H}_j)P(\tilde{H}_j)} \tag{3-11}$$

式（3-11）中，$P(H_j)$、$P(\tilde{H}_j)$分别表示训练集D中包含与不包含标签y_i的概率，后验概率$P(C\mid H)$、$P(C\mid \tilde{H})$表示样本x包含标签y_i且C_j包含有标签y_i的概率。上述分析可得，先验概率和后验概率的计算对于标签集合Y^*的求解很重要，$P(H)$可以通过统计含有标签的训练样本来估计，s表示拉普拉斯平滑因子，这里默认为1。先验概率、后验概率可表示为

$$\begin{cases}P(H_j)=\dfrac{s+\sum_{i=1}^{n}[y_i\in Y_i]}{s\times 2+n}\\ P(\tilde{H}_j)=1-P(H_j)(1\leqslant j\leqslant q)\end{cases} \tag{3-12}$$

根据式（3-11）和式（3-12）可得到待测样本的标签集合Y^*。

（2）DT算法改编。一些研究者采用DT算法来直接处理多标签数据，提出了若干基于DT算法的多标签分类算法，代表性的有ML-DT算法、CML算法等。ML-DT算法具备可解释性强和适用范围广等特点，通过对传统经典的有监督分类方法的DT进行改造，修改信息增益计算公式，并采用递归的方式迭代构建决策树。决策树分类过程如图3-17所示。

决策树的基本思想是“分而治之”。决策树由一个根节点、若干内部节点、若干叶子节点构成。根节点包含全部的训练集样本，内部节点代表特征测试，每个节点包含的样本集合根据特征测试结果被划分到不同的子节点，最后被划分到叶子节点形成

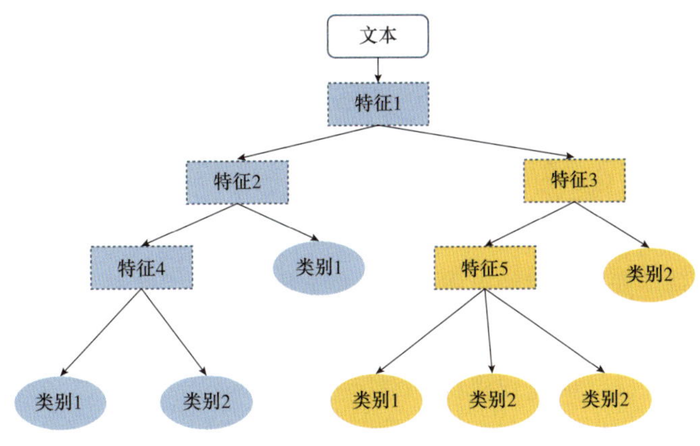

图3-17　决策树分类过程

决策结果。决策树的算法流程如下：

1）输入初始训练集：$TD \in \left\{\left(d^{(1)}, y^{(1)}\right), \left(d^{(2)}, y^{(2)}\right), \cdots, \left(d^{(m)}, y^{(m)}\right)\right\}$，其中 $d^{(i)} \in R^n$，$n \in (1, 2, \cdots, m)$；$y^{(i)} \in \{1, 2, \cdots, C\}$，是 $d^{(i)}$ 的类别标签。

2）输入初始特征集：$F = \{f_1, f_2, \cdots, f_n\}$。

3）输入算法终止条件：①条件1：当前节点包含的训练样本全属于同一类别，则将该节点标记为叶子节点；②条件2：当前特征集F为空或者所有样本在所有特征上取值相同，则将当前节点标记为叶子结点，并将该叶子节点所属类别设定为该节点所含样本最多的类别；③条件3：当前节点包含的样本集TD为空，将当前节点标记为叶子结点，将其类别设定为其父节点包含样本最多的类别。

4）生成节点，节点上包含的样本为TD中的所有样本，特征集为F。

5）判断当前节点上的训练集和特征集是否满足步骤3）的算法终止条件，若不满足，则转下一步。

6）寻找最优划分特征：从F中选择最优划分特征f_*，最优划分特征的判定准则为

$$f_* = \arg\max Gain(TD, f_i) \tag{3-13}$$

式中：$Gain(TD, f_i)$为特征f_i给数据集TD带来的信息增益。

$Gain(TD, f_i)$表示为

$$Gain(TD, f_i) = Ent(TD) - \sum_{v=1}^{V} \frac{|TD^v|}{|TD|} Ent(TD^v) \tag{3-14}$$

式中：Ent（TD）为训练集TD的信息熵，也即为数据集TD的“混乱程度”。

假设离散特征f_i所有可能的取值集合为$\{f_i^1, f_i^2, \cdots, f_i^V\}$，若使用特征$f_i$对训练集$TD$进行划分，则会产生$V$个分支节点，分支节点上包含了训练集中所有在特征$f_i$上取值$f_i^V$的样本，将该子集记为$TD^v$。训练集$TD$的信息熵计算公式为

$$Ent(TD) = -\sum_{c=1}^{C} p_c \log_2 p_c \tag{3-15}$$

式中：p_c为在训练集TD中属于c类的样本所占的比例。

7）根据最优划分特征划分样本集：对于当前的最优划分特征f_*，按f_*的每一种可能的取值f_*^1，f_*^2，…，f_*^V划分样本集，对应的样本集划分为TD^1，TD^2，…，TD^V。

8）递归生成决策树：对于每一个样本子集TD^V，$v=1$，2，…，V，分别将对应的训练集更新$TD^V \leftarrow TD$，$F \setminus \{f_*\} \leftarrow F$，重复步骤4）~8）。

以上步骤就是一棵决策树的生成过程。决策树算法的分类机制简单易懂，模型可解释性强。该算法采用“分而治之”的思想生成决策树，算法的时间复杂度也相对较小。然而，利用信息增益来选择最优划分特征的方法，其结果会偏向于那些具有更多数值的特征，而这样的特征可能会给分类带来不利影响，造成模型泛化能力差。解决该问题的办法是选择更加合理的最优特征度量方式，如经典的C4.5决策树算法就采用了“信息增益率”代替信息增益来做特征选择，在一定程度上改善了原始决策树算法泛化能力差的问题。

（3）Boosting算法改编。Boosting算法也同样被推广到多标记学习中，代表性的有BoosTexter算法、MSSBoost算法等。现阶段大多数的标记算法都采用预设训练样本的方式，对应的相关标签集合是给定的，但是在实际应用过程中，要获得完整的标签集较为困难。因此，研究者们逐渐开始了不完备标记情况下的多标签学习问题研究，大致可以分为以下两种情况：

1）弱标记（weak label）学习。该情况下数据集中出现样本只标注部分类别，没有被完全标注的情况，被标注的也可以是不相关标记。

2）缺失标记（missing label）学习。这种情况下既给出了部分样本的相关标记，又给出了部分样本不相关标记，没有给出的称为缺失标记。

3.4 本章小结

本章对于用户的基础服务需求，根据用户的用电基本数据，如用电时长、平均用电量、功率因数及平均用电价格等进行客户类型划分。采用数据驱动的分类模型，利用用户侧的大数据，首先针对用户数据类不平衡进行处理，在此基础上引入自动编码器对数据进行降维处理，然后在选取特征和权值的基础上，采用聚类方法对样本进行相似性搜索，根据用电行为特征进行分类，从而实现基于用电行为模式的精细分类，基于分类结果进行用户多标签库建立。

4 基于知识驱动的服务需求预测模型

数据驱动在处理服务需求预测时，需要大量的高质量数据，并且往往需要使用复杂的机器学习和数据挖掘算法，这会增加预测模型的计算负担，严重依赖历史数据，造成模型可解释性差。对于服务需求预测模型，除了可以采用数据驱动方法处理外，还可以采用知识驱动方法处理。基于知识驱动的服务需求预测模型借助已有的规则经验和领域知识，可以灵活调整，适应不同的服务需求，具有更好的可解释性和全局性。

本章首先构建OneVsRestClassifier-LightGBM需求预测模型，在此基础上，为了能让算法针对数据的变化自适应，引入贝叶斯优化算法对LightGBM的超参数进行优化，这将有助于算法模型适应不同的数据输入变化；基于构建的LightGBM算法模型进行分类预测，得到每个特征的重要性排序，并基于此构建新的特征组合；构建基于AM-BiLSTM的神经网络模型，将新的特征组合作为输入，以此完成模型训练。

4.1 基于OneVsRestClassifier构建模型的可行性分析

4.1.1 OneVsRestClassifier构建模型分析

1. 选择OneVsRestClassifier的原因

对于具有较大的离散性且不易解释、类别之间存在不平衡的数据，需要选择合适的算法，基于3.3.2的多标签分类算法分析，最终选择以OneVsRestClassifier（一对多分类器，简称OvR分类器）为基础构建模型,，主要原因有以下几点：

（1）简单直观。OvR分类器的思想相对简单，易于理解和实现。对于每个类别，只需要训练一个二分类器，使其能够将该类别与其他类别区分开。

（2）广泛适用。OvR分类器适用于各种分类算法，例如逻辑回归、支持向量机、决策树等。只要能够训练二分类器的算法都可以与OvR分类器结合使用。

（3）处理不平衡数据集。OvR分类器对于不平衡的多类别问题具有较好的性能。在不平衡数据集中、某些类别的样本数量较少时，使用OvR分类器可以针对每个类别进行个别建模，更好地处理类别不平衡的情况。

（4）可解释性好。OvR分类器可以提供对每个类别的分类决策函数或概率，从而可以对每个类别的分类结果进行解释和分析。

OvR分类器是一种常用的多标签分类算法。在多标签分类问题中，每个样本可以属于多个标签，而不是单个分类。OvR分类器通过将多标签分类问题转化为多个独立的二分类问题来解决。

算法的基本思想是为每个标签创建一个独立的二分类器。对于每个二分类器，将当前标签定义为正例类别，其他标签的组合定义为负例类别。通过训练多个二分类器就可以获得每个标签的预测结果，并将这些结果组合起来形成最终的多标签分类结果。

2. OneVsRestClassifier的工作流程

（1）数据准备。首先需要将多标签数据集划分为特征和标签。其中，特征是描述样本的属性，标签是每个样本所属的多个类别。

（2）模型训练。对于每个标签，创建一个二分类器。将当前标签作为正例类别，其他标签的组合作为负例类别。然后，使用训练数据对每个二分类器进行训练。训练过程可以采用各种二分类算法，如逻辑回归、支持向量机或决策树等。

（3）预测过程。对于待预测的样本，通过对每个二分类器进行预测，得到每个标签的预测结果，最终的多标签预测结果是这些预测结果的组合。通常，可以使用阈值来确定标签的存在与否，例如，超过某个阈值即被判定为存在。

3. 选择LightGBM作为OneVsRestClassifier基分类器的原因

（1）高效性。LightGBM是一种基于梯度提升决策树的机器学习算法。它具有高效的训练和预测速度，能够处理大规模数据集和高维特征空间。对于多标签分类问题，通常需要训练多个分类器，因此高效性是一个重要的考虑因素。

（2）高准确度。LightGBM通过优化决策树的分裂策略和叶子节点的增长方式，能够更好地捕捉数据中的特征关系和非线性关系。它在许多机器学习任务中都表现出色，包括分类、回归和排序等。在多标签分类问题中，LightGBM可以有效地处理标签之间的相关性，提高分类的准确度。

（3）直方图支持。LightGBM还引入了直方图算法来加速训练过程。通过将数据集离散化为直方图，可以有效地减少内存的使用和计算的复杂度。这在处理大规模数据集时尤为重要，可以提高训练速度和处理效率。直方图算法示意图如图4-1所示。

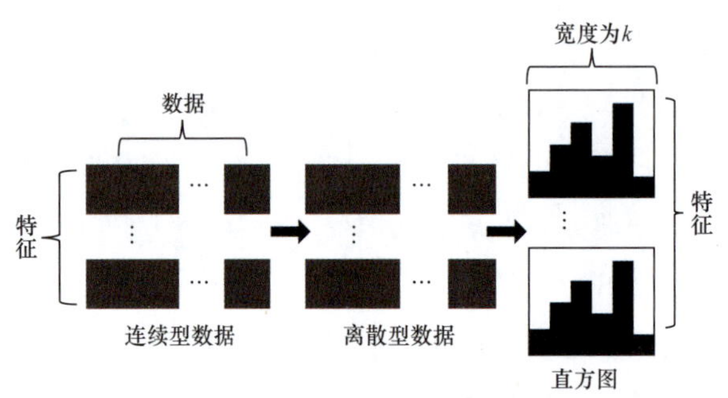

图4-1　直方图算法示意图

（4）参数调节灵活性。LightGBM提供了丰富的参数选项，可以进行模型的优化和调整，以适应不同的数据和问题。可以通过调节树的深度、学习率、正则化参数等来控制模型的复杂度和泛化能力。这使得LightGBM具有较高的灵活性，能够适应不同数据集的特点和需求。

综上所述，选择LightGBM作为OneVsRestClassifier的基分类器可以获得高效且准确的多标签分类预测结果。其高效性、高准确度和参数调节灵活性使其成为处理多标签分类任务的有力工具。

以广东电网公司客户服务中心数据为例，对其进行训练预测，选用不同的机器学习算法作为基分类器，通过验证其准确率、精准率和召回率来选择判定某种机器学习算法作为基分类器。选择决策树（DT）、随机森林（RF）和LightGBM做对比测试，基分类器效果对比如图4-2所示，基分类器效果对比结果见表4-1。通过图4-2可以清楚观察到，LightGBM与分析一致，适合客服中心的数据预测，除了召回率，精准率、准确率均位于领先地位。且由表4-1可以观察到对应的速度。综上可得，以LightGBM为基分类器的多标签分类算法，速度分别比DT快41%，比RF快25%，对于更大的数据集而言，LightGBM会发挥更大的优势。

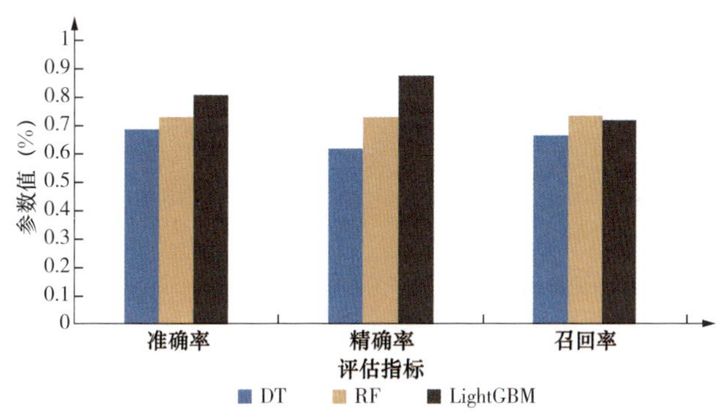

图4-2　基分类器效果对比

表4-1　基分类器效果对比结果

基分类器	DT	RF	LightGBM
准确率（%）	68.7	71.2	82.1
精确率（%）	63.5	72.7	90.2
召回率（%）	67.3	73.9	71.6
速度（s）	183.7	144.5	108.4

4.1.2 基于贝叶斯优化算法的LightGBM模型超参数调优

机器学习中对参数进行调优是为了找到模型在测试集上表现最好的参数值。目前常见的调参方法主要有手动调参、网格调参、随机调参、贝叶斯调参4种。手动调参只能依靠经验直觉，非常费时费力；网格调参需要搜索范围内所有点来确定最优值，十分消耗计算资源；随机调参是对搜索范围进行随机取样优化参数，即没有尝试所有的参数值，以上3种方法都不能从已经搜索过的参数结果中获取信息且效率比较低，贝叶斯调参可将已经搜索过的参数有效转化为先验信息，并与后续的最优参数建立联系，大大提高参数优化的效率。

贝叶斯优化是一种逼近思想，多用于超参数确定。当计算非常复杂、迭代次数

较高时，贝叶斯优化能起到很好的效果。贝叶斯调参中最重要的两个部分为高斯过程和贝叶斯优化。贝叶斯调参的原理是建立在高斯过程回归上，而高斯过程回归则是求解目标函数的后验分布。假设后验概率为$p(f^*|x^*,x,y)$，则f^*表示未尝试的目标函数$f(x)$；x^*表示对应的未尝试的参数；x，y表示尝试过的参数和模型效果。贝叶斯调参其实就是求后验概率$p(f^*|x^*,x,y)$的分布，即每次取一组参数x预估目标函数$f(x)$，从而将得到的结果用于纠正后验概率分布的预估，最后根据后验概率分布和$f(x)$取最优的参数x。

LightGBM模型主要通过参数实现模型的控制和优化，因此可以从参数设置入手，通过贝叶斯优化算法寻找模型的最优参数，并将LightGBM模型的参数值设置为最优参数值来实现模型的优化，使模型可以达到较好的训练效果且不会过拟合。基于贝叶斯优化算法的模型流程如图4-3所示。

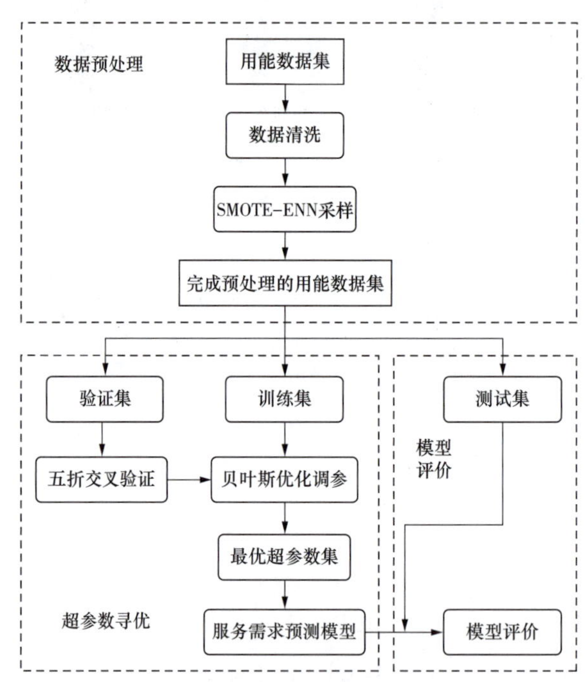

图4-3　基于贝叶斯优化算法的模型流程

基于贝叶斯优化寻找模型的最优参数的过程如下：①在贝叶斯调参时，把学习率（Learning_rate）定为一个较高的值，可以提高模型的收敛速度，这里设置为0.1；②把迭代次数（num_boost_round）设置为150，即将150棵决策树作为基学习器；③把早停止（early_stopping_round）设置为30，即如果一次验证数据的一个度量在最近的30个回合中没有提高，那么模型将停止训练防止产生过多迭代；④定义其他参数范围作为贝叶斯优化的调参范围。LightGBM 模型重要参数说明见表4-2。

表4-2　　LightGBM 模型重要参数说明

模型参数	参数名称	参数说明
Learning_rate	学习率	一般在调参前设置较大学习率，加快模型收敛速度，其他参数都确定以后再调小学习率，提高模型精度
num_boost_round	迭代次数	拟合树数量，基学习器数量
num_leaves	叶节点的数目	控制树模型复杂度的主要参数，num_leaves应该小于（2^max_depth）防止过拟合
max_depth	树的最大深度	当模型过拟合时，可以考虑降低max_depth
bagging_fraction	样本子抽样比例	用于加快训练速度和减小过拟合
feature_fraction	特征子抽样比例	每次迭代时随机选择特征的比例
lambda_l1	L1正则化惩罚项系数	降低过拟合
lambda_l2	L2正则化惩罚项系数	降低过拟合
min_data_in_leaf	叶节点最少样本量	较大值可避免生成过深的树，但可能导致欠拟合
early_stopping round	早停止	在n轮内度量没有提升，模型将停止训练，防止过多迭代
min_split_gain	分裂的最小收益	控制树有效分裂，防止过拟合

综上，基于贝叶斯优化算法的LightGBM模型超参数调优可以简单理解为贝叶斯优化算法通过遍历需要训练的模型参数的范围，根据样本不断更新模型的先验分布，从而使得训练的模型最大程度拟合样本，最后输出贝叶斯优化值，这些经贝叶斯优化法得到的参数值控制的模型可以精准判别样本。

超参数调优表见表4-3，表中包含需要进行优化的模型参数、参数名称、参数优化范围和贝叶斯优化值，此处主要对叶节点的数目、树的最大深度、样本子抽样比例、特征子抽样比例、L1正则化惩罚项系数、L2正则化惩罚项系数、叶节点最少样本量、分裂的最小收益8个参数进行贝叶斯调参。

表4-3　　超参数调优表

模型参数	参数名称	参数优化范围	贝叶斯优化值
num_leaves	叶节点的数目	（3，128）	103
max_depth	树的最大深度	（3，25）	13
bagging_fraction	样本子抽样比例	（0.5，1）	0.84
feature_fraction	特征子抽样比例	（0.5，1）	0.71
Lambda_11	L1正则化惩罚项系数	（0，1）	0.83
Lambda_12	L2正则化惩罚项系数	（0，1）	0.76
min_data_in_leaf	叶节点最少样本量	（1，100）	5
min_split_gain	分裂的最小收益	（0，5）	0.045

贝叶斯优化是在给定的参数范围内进行遍历，最终确定贝叶斯优化值，经过贝叶斯优化算法最后输出各参数值，由表4-3可知，最终输出各参数值分别为：每棵树叶节点数目为103，树的最大深度为13，样本子抽样比例为84%，特征子抽样比例为71%，正则化惩罚项系数分别为0.83和0.76，叶节点最少样本量为5，分裂的最小收益为0.045。

4.1.3 基于调优后LightGBM模型的特征变量重要性分析

LightGBM模型属于树模型，其是由多棵决策树组合而成的。在每一个非叶子结点划分之前，该模型将计算每一个特征变量所带来的信息增益，然后选择最大信息增益的特征变量用于划分样本数据。信息增益越大说明特征变量区分样本的能力越强，也就说明该特征变量越具有代表性、越重要。根据各个变量被用于分类的增益总和与总次数将各个变量进行排序，能够得到LightGBM特征变量重要性图。

以现代供电服务行业为例，选取2.5算例所用的数据，构建LightGBM特征变量重要性图，LightGBM变量重要性图——总增益、LightGBM变量重要性拐点图、LightGBM 变量重要性图——总调用次数如图4-4～图4-6所示，其中图4-4纵坐标的特征编号对应的含义见表4-4。根据各个变量被用于分类的总调用次数排序可知，业务子类对需求服务的判别结果具有最大的影响，其次是业务类别、申请时间，其余特征变量的重要性依次递减。

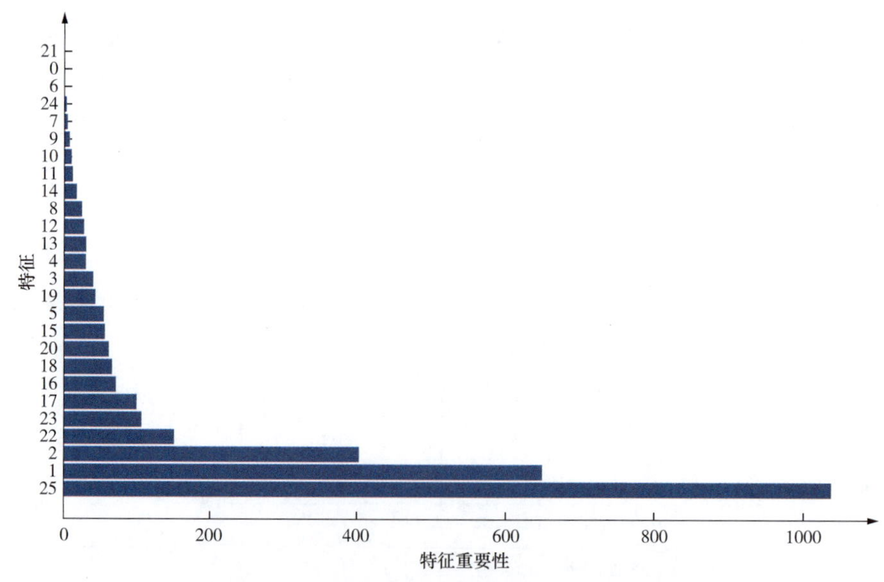

图4-4 LightGBM 变量重要性图——总增益

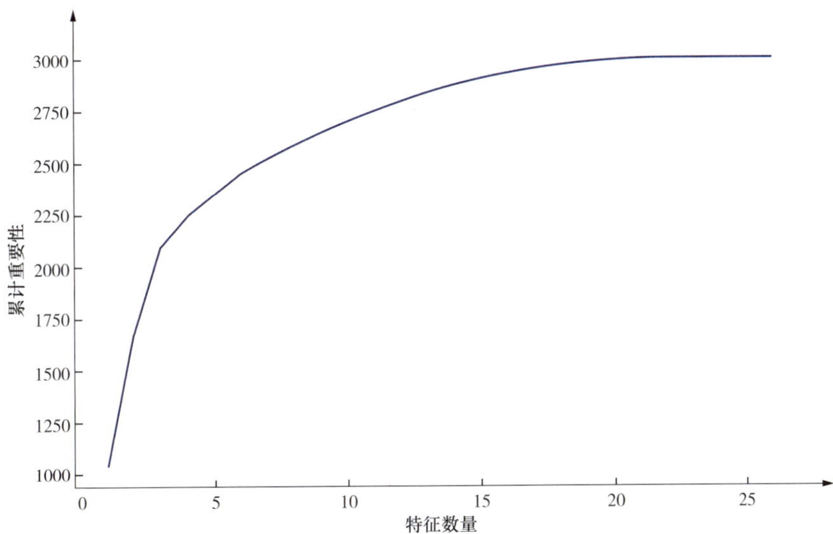

图4-5　LightGBM变量重要性拐点图

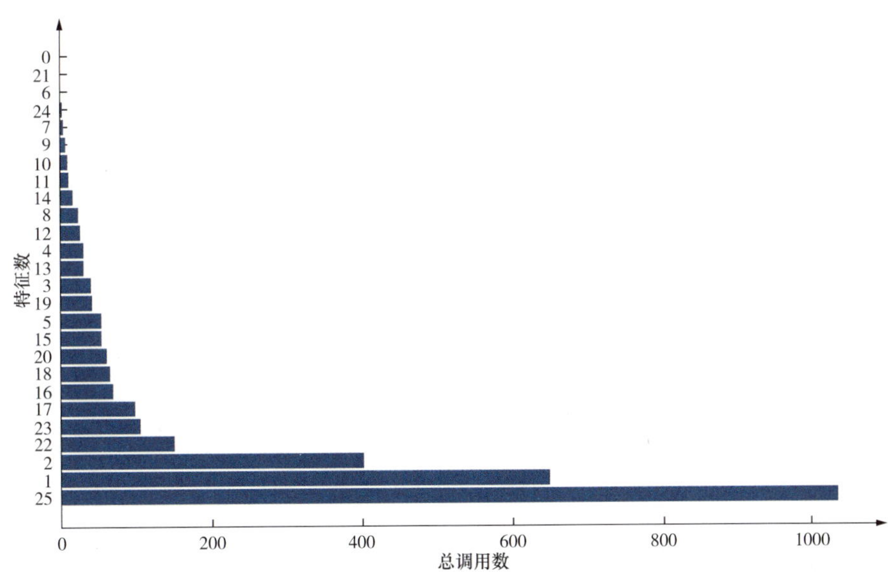

图4-6　LightGBM 变量重要性图——总调用次数

表4-4　特征编号对应表

编号	特征	编号	特征	编号	特征
0	业务分类	4	实收电费_方差	8	实收电度电费_中位数
1	业务类别	5	实收电费_中位数	9	实收附加费合计_均值
2	申请时间	6	实收电度电费_均值	10	实收附加费合计_方差
3	实收电费_均值	7	实收电度电费_方差	11	实收附加费合计_中位数

续表

编号	特征	编号	特征	编号	特征
12	电价_均值	17	用电类别	22	抄表区段
13	电价_方差	18	计量方式	23	合同容量
14	电价_中位数	19	电压等级	24	供电所
15	功率因数_均值	20	行业分类	25	业务子类
16	功率因数_中位数	21	用户类别		

变量重要性拐点图（也称特征重要性曲线）不是LightGBM特有的，但可以用于解释模型的特征重要性。这种图通常展示了累积重要性的百分比随特征数量增加的变化。拐点图可以帮助识别出哪些特征对模型的影响最大。从图4-5中可以看出，80%左右的特征决定了模型的准确率，剩下20%几乎没有作用，特征调用数排行与特征重要性排行基本一致，对于20%尾数据，模型调用几乎为0，故此得出，真正有用的特征为80%的特征。

4.2 基于AM-BiLSTM的神经网络模型构建

4.2.1 深度学习

深度学习的网络结构因网络层数、权重共享性和边的特点的不同而有所不同。典型的深度神经网络（deep neural network，DNN）结构如图4-7所示。

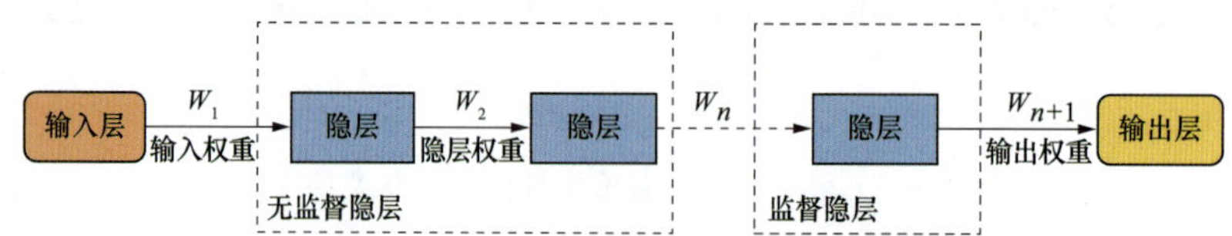

图4-7　典型的深度神经网络结构

深度学习的提出与发展解决了传统神经网络易出现收敛到局部最小值的问题。深度学习的主要特点可以归纳如下：①海量的样本数据；②含多隐藏层的网络结构；③出色的目标数据特征提取能力。其深度的产生主要受到以下两个方面的影响：①由于通信、测量技术等的发展导致的数据大规模积累，人工难以直观地找到其中的特征规律；②在大数据时代，由于大规模计算集群和图形处理器（GPU）等并行、异构计算的兴起带来的运算力提升，使得机器对数据的处理能力有了极大的飞跃。

以用户用能服务为例，用户用能预测模型使用历史用能数据和影响用户用能需求的因素作为输入参数，待预测的用能服务需求作为输出，则用户用能需求预测问题可以转换为寻找输入变量X与输出变量Y之间映射关系的数学问题。深度学习网络的多隐藏层结构可以更好地从大量的输入数据信息中提取有效特征，在处理用能数据本身的时序问题和各种影响因素与其非线性关系上，具有其独特的优势。本节基于4.1研究，针对用户服务预测问题，选取部分常用深度学习网络进行介绍，如卷积神经网络、门控循环神经网络。

1. CNN

卷积神经网络（CNN）是一类包含卷积计算且具有深度结构的前馈神经网络，其独特的卷积结构、权重共享方式有效减少了权重参数数量，降低了模型的复杂程度，能够在保证数据完整性的条件下充分压缩输入数据。典型CNN网络由输入层、卷积层、池化层、全连接层和输出层构成，CNN结构示意图如图4-8所示。

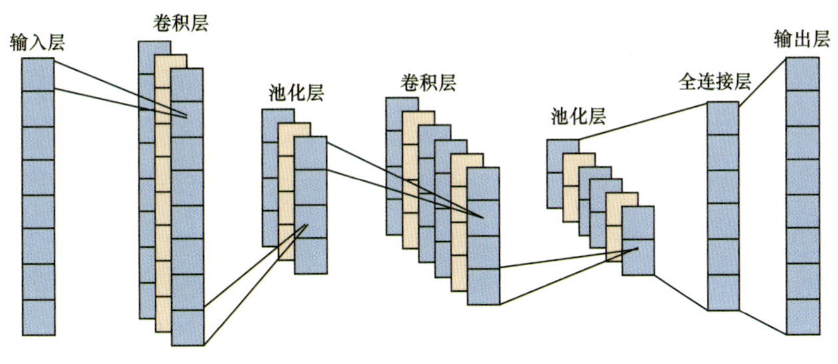

图4-8　CNN结构示意图

（1）卷积层。作为CNN的核心组成部分，卷积层通过卷积运算提取数据的深度特征。其计算公式如下

$$C_j^l = f\left(\sum_{i \in N_i} I_i^{l-1} \otimes w_{i,j}^l + b_j^l\right) \tag{4-1}$$

式中：I_i^{l-1}表示第l-1层的第i个特征图；$\otimes$表示卷积操作；N_i表示输入层的特征图集；$w_{i,j}^l$表示第l-1层的第i个特征图与第l层的第j个特征图间的权重；b_j^l表示第l-1层的第i个特征图与第l层的第j个特征图间的偏置；C_j^l表示第l层的第j个特征图；$f(\cdot)$表示激活函数，一般选择tanh函数或ReLU函数。

（2）池化层。经卷积层特征提取后所得的特征量巨大，为减少计算量，池化层对特征数据进行降维采样，降低网络参数数量，提高计算效率，且不改变特征平面个数，实现对特征的二次提取，一定程度上减小了过拟合现象。现有池化方法通常分为最大池化和平均池化，前者对区域视野内的特征点取最大值，减少因估计值方差增大而引

起的误差，后者对区域视野内的特征点取平均值，减少因估计均值的偏移而引起的误差。池化层计算公式如下

$$P_j^l = f\left[\beta_j^l down\left(C_j^{l-1}\right)+b_j^l\right] \tag{4-2}$$

式中：C_{l-1} 表示第l-1层的第j个特征图；$\beta_j^{\ l}$表示第l层的第j个特征图的权重系数；$down$（·）表示池化函数；$P_j^{\ l}$表示第l层的第j个特征图。

（3）全连接层。经卷积层和池化层处理后，全连接层对所有输入特征信息进行综合汇总，层中的每一个神经元同上层神经元全连接，以便后续的特征分类、预测等操作，其表达式为

$$F_j^l = f\left(\sum_{i\in l-1} w_{i,j}^l N_i^{l-1} + b_j^l\right) \tag{4-3}$$

式中：$F_j^{\ l}$为第l层的第j个神经元。

（4）输入层及输出层。在CNN中，输入层的作用主要是将原始图像数据转换为可以被网络处理的形式。这不仅包括图像本身的尺寸和深度（例如，一个256×256像素的彩色图像会有三个通道），还可能包括对数据的预处理，如归一化，使所有输入值在相同的范围内（通常是0到1之间），这有助于网络进行更有效的学习。输出层是CNN的最后一层，它的设计和任务具体目标紧密相关。在CNN完成一系列卷积、激活和池化操作后，输出层负责产生最终的预测结果。

2. LSTM

长短期记忆网络（long short-term memory，LSTM）从循环神经网络（recurrent neural network，RNN）发展而来。针对序列信息，传统神经网络很难利用前序信息对后续事件进行分类，而RNN是多层感知机的进化，可以有效保留前一步的数据信息，不断将信息进行循环操作，从而更好地处理序列类型数据。RNN结构示意图如图4-9所示，将RNN的递归层展开，可以看成是将同一个网络进行复制，并将自身提取的信息传递给下一个继承者。

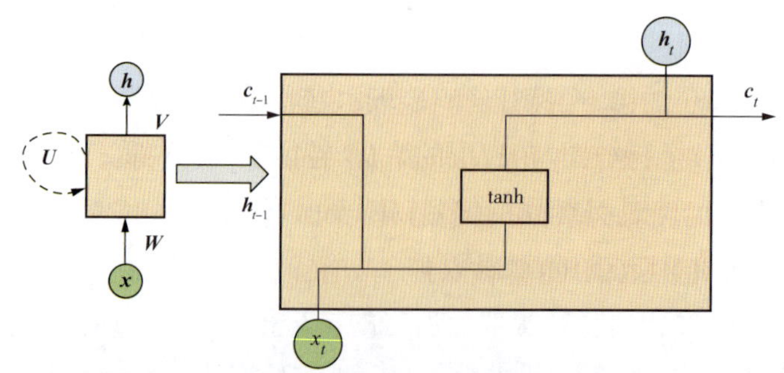

图4-9　RNN结构示意图

注　x—输入；h—赋予网络记忆能力的隐藏状态；t-1、t—不同的时间步长；W、U、V—不同层的超参数

RNN结构节点之间的连接形成沿着序列的有向图，h_t是基于前一层隐状态的输出和当前时刻的输入计算得到的，可表示为

$$h_t = f\left(Wx_t + Uh_{t-1}\right) \tag{4-4}$$

式中：函数f为作用于向量Wx_t+Uh_{t-1}各个元素上的非线性激活函数，如tanh函数或者ReLU函数。

这一链式结构使RNN可以有效保留前一步的数据信息，从而更好地处理序列和列表类型的数据。然而，在对较长序列进行预测的过程中，其性能往往不尽如人意。由于RNN结构的局限性，在反向传播计算过程中会出现梯度消失问题，RNN只能学习过去短时时间间隔的记忆。基于此，LSTM的提出在一定程度上解决了学习序列长期依赖的问题。典型LSTM结构如图4-10所示。

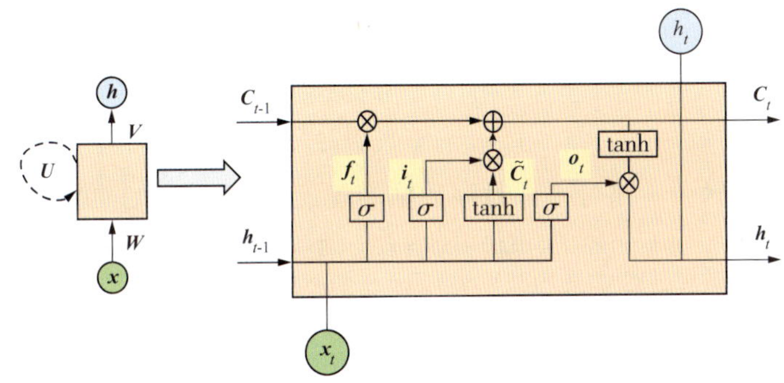

图4-10　典型LSTM结构

典型的LSTM的重复单元主要由记忆存储单元状态（C_t）、遗忘门（f_t）、输入门（i_t）和输出门（o_t）构成。单元状态是LSTM的核心，即贯穿图4-10顶部的水平线，其少分支的传送带结构设计使得信息易以不变的方式流过整个细胞单元。遗忘门、输入门和输出门实现对单元状态的控制，选择性地向单元状态添加或移除信息。

（1）遗忘门通过sigmoid层来决定单元状态需要丢弃的信息部分，它通过查看h_{t-1}和x_t信息来输出一个0～1的向量，该向量里面的值表示单元状态C_{t-1}中的哪些信息保留或丢弃多少。0表示完全不保留，1表示都保留。遗忘门f_t的值为

$$f_t = \sigma\left(W_f x_t + U_f h_{t-1} + b_f\right) \tag{4-5}$$

（2）输入门确定单元状态C_t存储的输入信息x_t的内容，同时，更新输入信息i_t和候选单元状态$\tilde{C}_t$，具体如下

$$i_t = \sigma\left(W_i x_t + U_i h_{t-1} + b_i\right) \tag{4-6}$$

$$\tilde{C}_t = \tanh\left(W_c x_t + U_c h_{t-1} + b_c\right) \tag{4-7}$$

（3）遗忘门将旧的单元状态C_{t-1}更新为当前时间步长下的时间状态C_t，选择性地忘记遗忘门f_t决定忘记的状态信息，同时结合输入门输入信息i_t和候选单元状态$\tilde{C}_t$以实

现对单元状态的更新，具体表示为

$$C_t = f_t \otimes C_{t-1} + i_t \otimes \tilde{C}_t \tag{4-8}$$

（4）输出门判断输出单元状态特征部分。令h_{t-1}和x_t经过sigmoid层，从而得到判断条件o_t。随后将单元状态C_t投入tanh层，将其压缩到-1～1。最终得到当前时刻的隐藏状态h_t。具体计算过程可表示为

$$o_t = \sigma\left(W_o x_t + U_o h_{t-1} + b_o\right) \tag{4-9}$$

$$h_t = o_t \otimes \tanh\left(C_t\right) \tag{4-10}$$

式中：W为隐藏单元的输入权重矩阵；U为输出权重矩阵；b为偏置向量；下标f、i、o代表遗忘门、输入门和输出门；⊗表示逐点求积运算。

为增强网络的非线性，2个激活函数的函数表示如下

$$\sigma(x) = \frac{1}{1+e^{-x}} \tag{4-11}$$

$$\tanh(x) = \frac{e^{x} - e^{-x}}{e^{x} + e^{-x}} \tag{4-12}$$

在时间序列预测中，充分考虑时序数据的正反向信息规律，可以有效提高预测精度。BiLSTM由正向、逆向2个LSTM构成，相比于标准LSTM中状态传输单向的从前往后，BiLSTM同时考虑前后数据的变化规律，展现出更加优越的性能。BiLSTM结构示意图如图4-11所示。

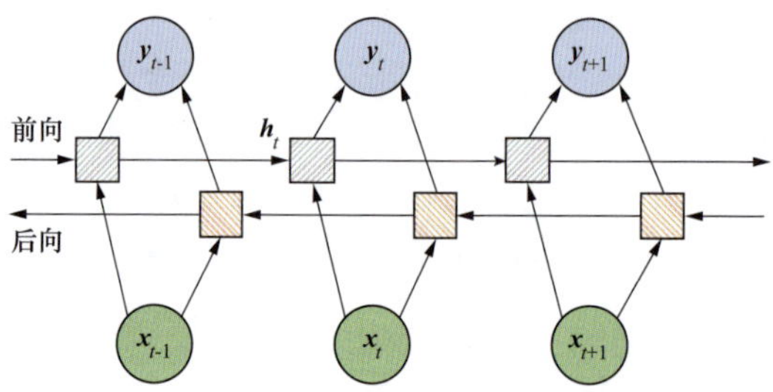

图4-11　BiLSTM结构示意图

以上分析可以看出，BiLSTM由前向计算与后向计算构成。图4-11中水平方向的指示箭头表示模型中时间序列信息的双向流动，同时数据信息在输入层到隐藏层到输出层竖直单向流动。

3. GRU

LSTM可以捕获时序数据的长期依赖关系，但其内部结构较为复杂，易导致模型的训练时间过长，门控循环神经网络（gated recurrent unit，GRU）基于LSTM结构进行改进优化，减少了训练参数数量，收敛速度更快。GRU结构示意图如图4-12所示。

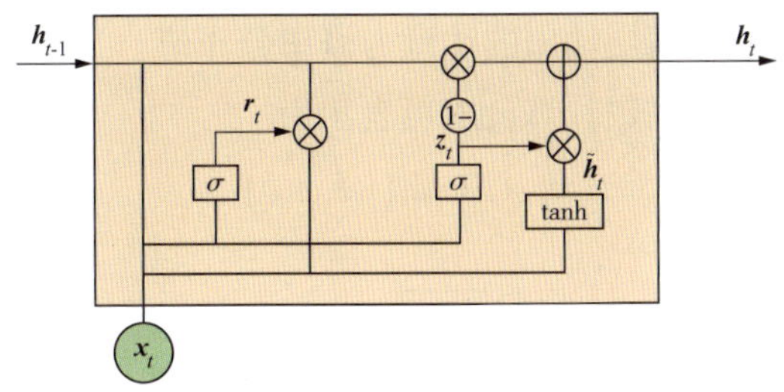

图4-12　GRU结构示意图

注　箭头所指的方向即为数据的流动方向；⊗为矩阵的数乘；1-表示该链路向前传播的数据为1-z_t。

GRU由更新门和重置门组成，对历史数据进行筛选。更新门（z_t）决定前一时刻的待激活值状态信息保留至当前状态中的程度，其值越大则保留信息越多，待激活值对输出的影响越大；重置门（r_t）决定当前状态激活值与先前信息的结合程度，其值越小则忽略信息越多，待激活值对输出影响越小。

$$z_t=\sigma\left(W_z x_t+U_z h_{t-1}+b_z\right) \tag{4-13}$$

$$r_t=\sigma\left(W_r x_t+U_r h_{t-1}+b_r\right) \tag{4-14}$$

$$\tilde{h}_t=\tanh\left(W_h x_t+U_h h_{t-1}+b_h\right) \tag{4-15}$$

$$h_t=\left(1-z_t\right)\odot h_{t-1}+z_t\odot \tilde{h}_t \tag{4-16}$$

式中：x_t为输入；h_t为隐藏层的输出；W为隐藏单元的输入权重矩阵；U为输出权重矩阵；b为偏置向量；下标z、r代表更新门和重置门；⊙表示哈马达积。

4. Attention机制

Attention机制模拟了人脑注意力在特定时刻向特定区域集中的情况，从而有选择性地获取更多有效信息，忽略无用信息。Attention机制通过对神经网络隐藏层单元分配不同的概率权重，以突出关键信息的影响，增强模型判断的准确性。将Attention机制引入本章方法中，可以有效解决由于输入长时间序列所导致的模型难以学到合理的向量表示的情况；同时针对服务需求随时间季节变换等特性，突出二者由于数据特性差异所造成的对不同时间点位置的注意力分布的不同，捕捉数据间的时间相关性并选择相应的驱动数据来进行预测。Attention机制结构示意图如图4-13所示，a_t为

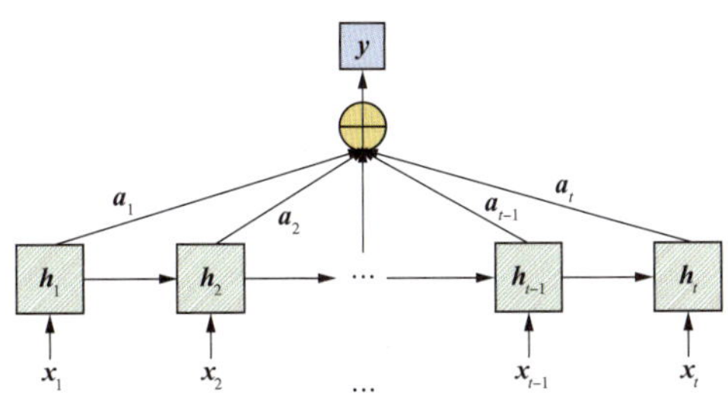

图4-13　Attention机制结构示意图

Attention机制对神经网络隐藏层输出的注意力概率分布值。

Attention机制层的权重系数计算公式可表示为

$$\boldsymbol{e}_t = u\tanh\left(w\boldsymbol{h}_t + b\right) \tag{4-17}$$

$$\boldsymbol{a}_t = \frac{\mathrm{e}^{\boldsymbol{e}_t}}{\sum_{j=1}^{T}\mathrm{e}^{\boldsymbol{e}_j}} \tag{4-18}$$

$$\boldsymbol{s}_t = \sum_{t=1}^{T}\boldsymbol{a}_t\boldsymbol{h}_t \tag{4-19}$$

式中：e_t表示第t时刻由神经网络隐藏层输出向量$\boldsymbol{h}_t$所决定的注意力概率分布值；u和w为权重系数；b为偏置系数；$\boldsymbol{s}_t$为Attention机制在t时刻的输出。

4.2.2 用户服务需求预测模型

GBM-BiLSTM用户服务需求预测模型如图4-14所示。具体步骤如下：

（1）对所得输入数据进行预处理，为了消除维数的影响，消除量纲误差，加速训练过程，将输入训练数据进行归一化，转换成标量值。

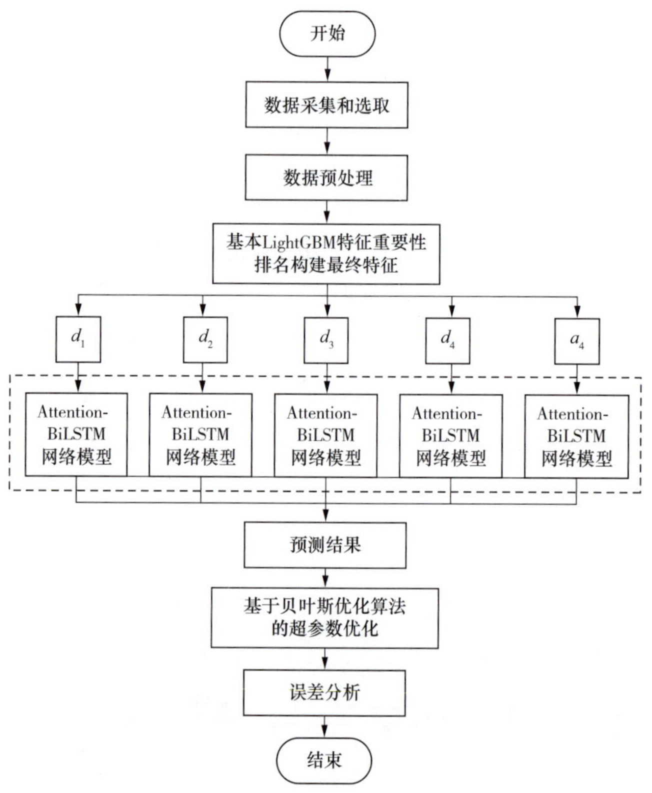

图4-14 GBM-BiLSTM用户服务需求预测模型

（2）基于标量值进行特征构造，然后使用基于SMOTE-ENN采样算法，对数据进行自适应欠采样和过采样，以此解决数据类不平衡问题。

（3）初始化基于Attention机制的BiLSTM网络，将分解后的数据集训练数据分别输入网络中，利用训练样本对网络进行训练。以均方误差作为损失函数，网络训练采用Adam优化算法，对权重进行更新，得到预测模型。

利用训练好的神经网络模型对编码归一化后的数据进行形状变更，输入模型进行训练测试，采用准确率、Hamming Loss、精准率、F1-Score和召回率进行多方位验证。

考虑到用户数据随时间等因素不断变化，为了保证模型的性能，在模型之外添加贝叶斯超参数优化算法，以此针对不同的数据进行模型的超参数优化，以保证模型常用常新。基于Attention机制的BiLSTM网络如图4-15所示。

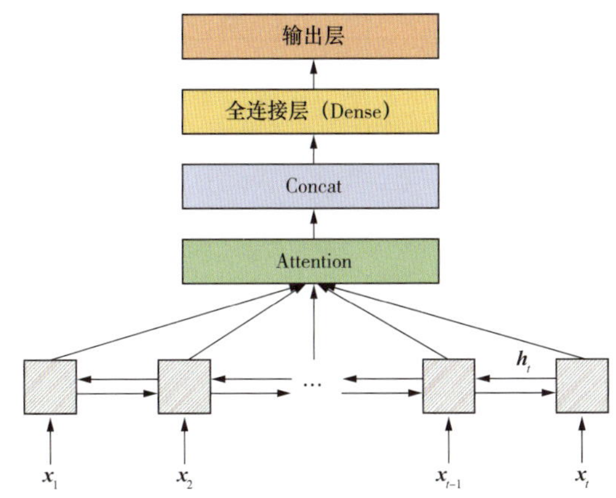

图4-15　基于Attention机制的BiLSTM网络

基于Attention机制的BiLSTM网络包括输入层、BiLSTM隐藏层、Attention层、全连接层和输出层。BiLSTM隐藏层实现双向特征学习，充分利用序列的时间关联特性；Attention层突出关键信息的影响，增强模型判断的准确性；全连接层进行局部特征整合。模型具有良好的特征提取和建模能力。下面对此网络的各层结构进行介绍。

1）输入层：经标准化处理后的数据，经过特征组成与优选后，分别作为神经网络模型的输入，其维度为1维。

2）BiLSTM隐藏层：BiLSTM隐藏层可以充分学习数据之间的前向与反向信息。按照时间步的先后关系，前向计算为$t=1$至$t=T$的时间顺序，计算并保存每个时刻向前隐含层的输出，后向计算为$t=T$至$t=1$的时间顺序，计算并保存每个时刻向后隐含层的输出；随后，在每个时刻结合前后向的相应单元状态得到各个时间步的最终输出值。

3）Attention层：对BiLSTM隐藏层单元进行选择性学习，由于数据特性差异会造成不同时间点位置的注意力分布不同，以捕捉数据间的时间相关性进行预测。

4）全连接层：是一个或多个密集层的序列，其中每个神经元都与上一层的所有神经元相连接。全连接层的主要作用是对前面所有层提取的特征进行整合，并将这些信息映射到最终的输出空间。

5）输出层：使用全连接层对结果进行降维，选取非饱和激活函数ReLU函数作为全连接层的激活函数，对输出数据进行非线性映射，使得网络可以自行引入稀疏性，提高了训练速度，得到最终的输出结果。

4.3 算例分析

4.3.1 实验设计

为了验证本章算法的有效性，选取PJ区2019—2022年的工单数据（见表4-5），以用户编号为索引进行整合，使用本章所提算法进行实验验证。所有实验在i7-12400F（2.8 GHz），Windows10 64位操作系统的PC上进行。

表4-5 数据集信息

序号	层级	数据来源	类型	内容	采样时间
1	区域	营销管理系统	用户区域	抄表区段	2019.01—2022.01
2	行业	营销管理系统	用户类型	用户电表类型（工/商/居）	2019.01—2022.01
3	用户	营销管理系统	用户信息	行业类别、用户编号、电表数	2019.01—2022.01
4	用户	营销管理系统	用户信息	用户类别、行业类别	2019.01—2022.01
5	用户	营销管理系统	工单信息	业务子类、时间	2019.01—2022.01
6	用户	智慧营业厅	工单信息	业务子类、时间	2019.01—2022.01
7	电能表	营销管理系统	电表信息	报装容量	2019.01—2022.01
8	电能表	计量系统	电量电费	用户月用电量、电费	2019.01—2022.01

此算例涉及的对比算法有基于Attention的BiLSTM神经网络、基于Attention的LSTM神经网络、BiLSTM、GRU-CNN，以及GRU。通过对比不同算法在相同试验条件下的效果验证本章算法有效性。

本章使用4.1.2介绍的贝叶斯优化算法，对所构建的神经网络模型进行超参数优化，最终选定模型参数（见表4-6）。

表4-6　模型主要参数信息

BiLSTM with Attention	
迭代次数Epoch	300
验证集分割比例Val	0.2
隐藏层单元数Hidden layer	200
学习率LR	-0.15
层数Number of layers	4

4.3.2 用户用能服务需求预测

下面对算例中涉及的度量指标进行介绍，这些度量指标用于多方位验证多标签分类问题的性能。下面介绍几个常用度量指标：①TP（True Positives）：真正例，即模型正确预测为正类的数量；②TN（True Negatives）：真负例，即模型正确预测为负类的数量；③FP（False Positives）：假正例，即模型错误预测为正类的数量；④FN（False Negatives）：假负例，即模型错误预测为负类的数量。

（1）准确率（Accuracy）。准确率衡量分类器正确预测的样本数量与总样本数量之间的比例。它是最常用的度量指标之一，但在处理类别不平衡的数据集时需要谨慎使用，因为准确率对于不平衡类别的样本分布可能会给出误导性的结果。准确率计算公式为

$$\text{Accuracy}=(TP+TN)/(TP+TN+FP+FN) \tag{4-20}$$

（2）汉明损失（Hamming Loss）。汉明损失衡量分类器在预测多个标签时与真实标签之间的不一致程度。它计算了在所有标签上错误预测的平均比例，其中汉明损失的取值范围为0~1，值越低表示分类器的性能越好。汉明损失的计算公式为

$$\text{Hamming Loss}=(FP+FN)/(n\times m) \tag{4-21}$$

式中：n表示样本数量；m是标签数量。

（3）精确率（Precision）。精确率衡量分类器预测为正类的样本中真正为正类的比例。它关注的是分类器的正类预测准确性，当我们关注减少误报（将负类预测为正类）的情况时，精确率是一个重要的指标。

$$\text{Precision}=TP/(TP+FP) \tag{4-22}$$

（4）召回率（Recall）。召回率衡量分类器能够正确预测为正类的样本数量与所有真实正类样本数量之间的比例。它关注的是分类器对正类样本的覆盖率，当我们关注减少漏报（将正类预测为负类）的情况时，召回率是一个重要的指标。

$$\text{Recall}=TP/(TP+FN) \tag{4-23}$$

（5）F1-Score。F1-Score综合了精确率和召回率两个指标，用于综合评估分类器的性能。F1-Score的取值范围为0～1，当精确率和召回率都较高时，F1-Score也会较高，表示分类器在同时考虑预测准确性和召回率方面取得了良好的平衡。

$$\text{F1-Score} = 2\times\left(\text{Precision}\times\text{Recall}\right)/\left(\text{Precision}+\text{Recall}\right) \qquad (4\text{-}24)$$

以上介绍的这些度量指标提供了对多标签分类器性能的多个角度评估，帮助我们了解分类器在不同方面的表现。

本章首先针对特征优选后的特征进行机器学习与深度学习的性能对比，机器学习选择基于LightGBM基分类器的OvR算法来进行训练测试，深度学习采用AM-CNN-LSTM算法来进行训练测试，OvR（LightGBM）与AM-CNN-LSTM效果对比如图4-16所示。然后，结合以上效果对比再进行分析，对比算法有基于Attention的BiLSTM神经网络、基于Attention的LSTM神经网络、BiLSTM、GRU-CNN，以及GRU。最后，通过对比不同算法在相同试验条件下的效果，以寻找最终最优解。

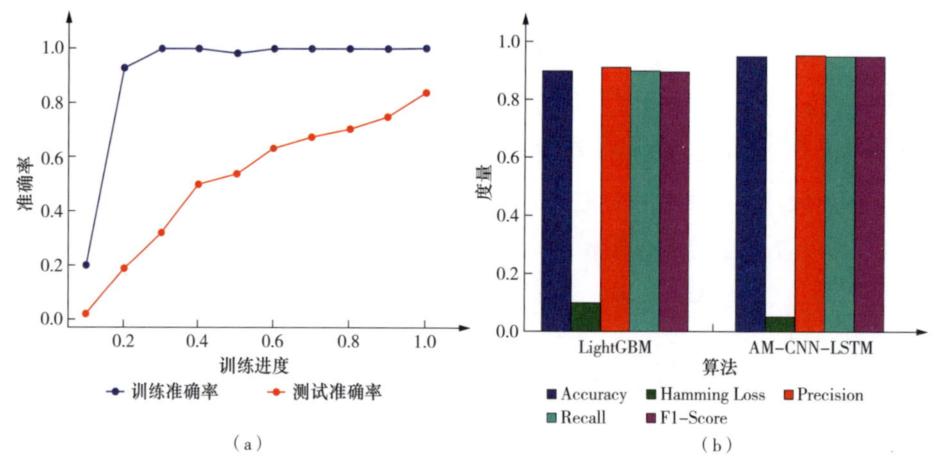

图4-16　OvR（LightGBM）与AM-CNN-LSTM效果对比

（a）OvR（LightGBM）；（b）AM-CNN-LSTM

从图4-16中可以清楚看到，LightGBM算法结果准确率达到89.9%，汉明损失只有0.1007，精确率高达91%，召回率及F1-Score分别为0.8993和0.8956，这个结果已满足指标要求；基于AM-CNN-LSTM的准确率达到94.98%，汉明损失只有0.0502，精确率高达95%，召回率及F1-Score分别为0.95和0.949，与LightGBM相比，提升5%左右。从表4-7中的时间可以看出，相比于AM-CNN-LSTM，LightGBM算法需要的时间仅是AM-CNN-LSTM的42%左右，从电网客服中心系统的实际运行考量而言，结合环境部署维护方面的因素，上面提及的5%的提升有待商榷。故而，在此基础上，进行其他深度学习算法的探索研究，以期找到一个平衡解。

分析表4-7可以最终得到，基于注意力机制的BiLSTM算法准确率达到91.45%，汉明损失只有0.0684，精确率高达92.31%，召回率及F1-Score分别为0.90和0.91，与LightGBM效果相当，且对时间消耗而言差距为1%左右。但从算法的泛化性能角度来看，基于注意力机制的BiLSTM算法，因其强大的非线性学习能力，相比之下较为适合客服中心大规模、非线性数据。基于上述分析，本章所提的基于机器学习的算法与基于注意机制的BiLSTM算法有效，且效果较好，性能稳定，可扩展性强。

表4-7 各模型性能评价

算法	Accuracy	Hamming Loss	Precision	Recall	F1-Score	时间（s）
LightGBM	0.8993	0.1007	0.9111	0.8993	0.8956	126.32
AM-BiLSTM	0.9145	0.0684	0.9231	0.9017	0.9142	128.49
CNN-GRU	0.9495	0.0517	0.9513	0.9461	0.9379	289.45
BiLSTM	0.8334	0.1579	0.8643	0.8334	0.8347	196.85
AM-LSTM	0.8712	0.1936	0.8956	0.8714	0.8719	243.15
AM-CNN-LSTM	0.9498	0.0502	0.9535	0.9499	0.9494	279.67

4.4 本章小结

本章首先构建OneVsRestClassifier-LightGBM需求预测模型，在此基础上，引入贝叶斯优化算法对LightGBM的超参数进行优化；基于构建的LightGBM算法模型进行分类预测，得到每个特征的重要性排序，基于此构建新的特征组合；构建基于AM-BiLSTM的神经网络模型，将新的特征组合作为输入，以此完成模型训练。根据最终分析结果可知，OneVsRestClassifier-LightGBM基础多标签分类算法准确率达到89.9%，基于AM的BiLSTM算法准确率达到91.5%。

话务数据预处理及话务量影响因子分析

随着现代科学技术的不断发展，话务数据呈现逐渐增长的趋势，面对大量的话务数据，对话务数据进行深度挖掘及分析尤为重要。对话务数据进行预处理，可以得到高质量数据，以便后续的分析和预测模型能得到可靠、准确的结果。话务量预测模型需要考虑多种因素，并根据这些因素提取相应的特征作为模型的输入，从而提高模型的预测精度。但如果模型考虑了过多不必要的特征，反而可能导致模型容易陷入过拟合，降低模型的准确性，并且过多的特征也会导致模型变得更加复杂，再训练和预测时的计算耗时增多，因此通过特征选择来剔除那些不重要的特征也是非常重要的一步。

本章首先构建了话务量预测数据模型，在此基础上，对话务数据进行清洗，然后构建相关性分析模型，分析话务量影响因子，主要包括地域性影响因子和突发性影响因子两方面，从而提供有关话务量变化的深入洞察，帮助客服中心更好地理解业务需求，并做出更明智的决策。

5.1 话务量预处理

虽然当前信息数据系统的可靠性较高，但是面对大量用户的海量数据，在存储上不可避免地会出现一些缺失或异常值，这些异常数据会扭曲用电特征，影响用户行为分析。因此，对于用户信息中偶尔出现的缺失与异常值，需要予以识别并修正。

采用高效的数据清洗技术来识别并修正这些数据问题，不仅是维护数据质量的必要步骤，也是深入分析和挖掘数据潜力的前提条件。通过系统的数据清洗，能确保数据集的准确性和完整性，进而利用数据挖掘技术揭示出数据背后的真实信息和趋势。

数据清洗一般要经过如下几个步骤，即数据分析、缺失值清洗、异常值清洗、去重清洗。

（1）数据分析。分析该组数据的来源、基本特征、合理取值范围等，为后续的数据清洗提供理论依据。

（2）缺失值清洗。当整组数据足够大且缺失值在整组数据中的占比足够小时，可以采取直接删除缺失值进行清洗的方法，删除小批量的数据不会影响整个数据的基本特性；当直接删除缺失值对整组数据的时序影响较大，无法直接删除时，可采取选择时序相似或者相隔接近的一组数据，通过取这组数据的算术平均值、加权平均值、中位数等方法对缺失的数据进行填补。

（3）异常值清洗。异常值是指该值超出了整组数据的合理取值范围。筛选异常值一般需要先确定整组数据的取值范围，一般通过整组数据的算数平均数上下浮动一定的比例进行范围的确定，不在该取值范围的数据确定为异常值，并将异常值删除，按照缺失值清洗的方法进行数据清洗。

（4）去重清洗。数据重复指两个相邻数据或两个连续数组完全或基本一致的现象。数据重复的原因多为人为原因对数据进行重复抄写或系统对数据进行重复读写。去重清洗可将重复数据直接删除，并按照缺失值清洗的方法进行数据清洗。

数据挖掘是在大量的数据中挖掘出有用模式的过程。涉及的数据由于受到测量设备自身精度、传输过程丢失、人工录入失误等主观或客观因素影响，获得的数据通常会在某些字段出现缺失值或异常值。而数据源的质量会直接影响模型构建的效果，在进行数据挖掘之前必须要对数据进行预处理，包括数据过滤、数据填充、特征标幺化等步骤。

话务数据具有时序性和相关性，当某个特征的缺失值较少时，若直接删去含有空缺值的数据会使记录数变少，导致数据不连续或者一些潜在的特征被抹去。对于少数数据缺失的测量，在满足误差许可的条件下，可以利用对缺失值进行拟合填充来保证数据的完整性。因此，为了最大限度地保留有价值的信息，并确保数据集的完整性，采用适当的数据插补方法对少量的缺失值进行填充变得尤为重要。此外，不仅需要关注如何处理缺失值，更要精确识别并修正数据中的异常值。异常值的识别和处理对于提高数据分析的质量和准确性至关重要。

孤立森林算法采用无监督集成学习策略，适用于异常数据的识别，且能够有效解决负样本不足对检测精度造成的影响，并提高异常检测的查准率。对于异常数据的修正，话务量数据具有一些特有的变化特征，需要做特殊处理。本节拟采用孤立森林算法进行异常数据识别处理，再采用拉格朗日插值法修正异常数据，具体见2.2。在整理某客服中心话务量数据时，绘制散点曲线，修正前话务量散点图如图5-1所示，修正后话务量散点图如图5-2所示。

由图5-1和图5-2可知，识别出来的异常点明显“离群”，属于被孤立的少数个点，孤立森林算法可以有效检测出话务数据中的异常值；拉格朗日插值可以很好地修正异常数据。

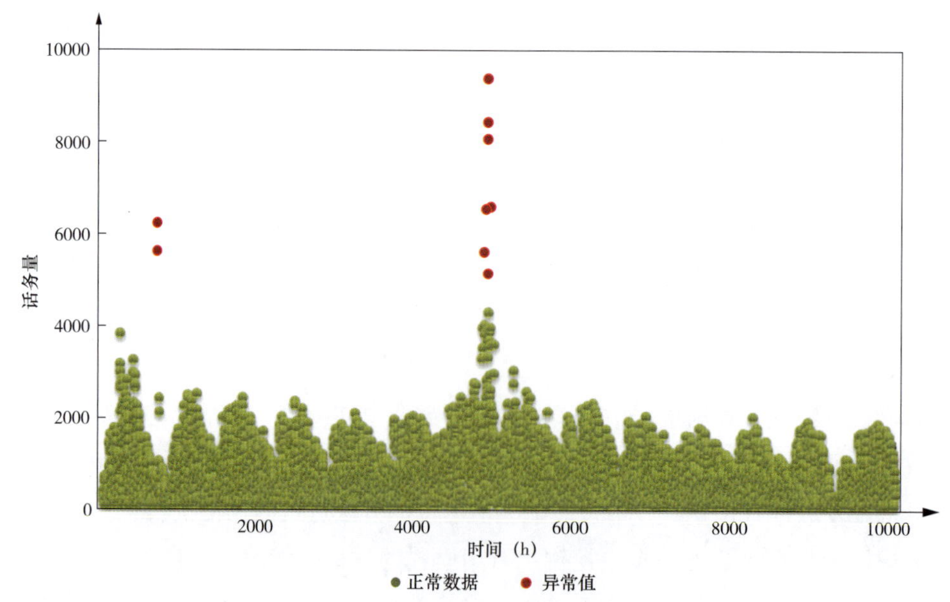

图5-1　修正前话务量散点图

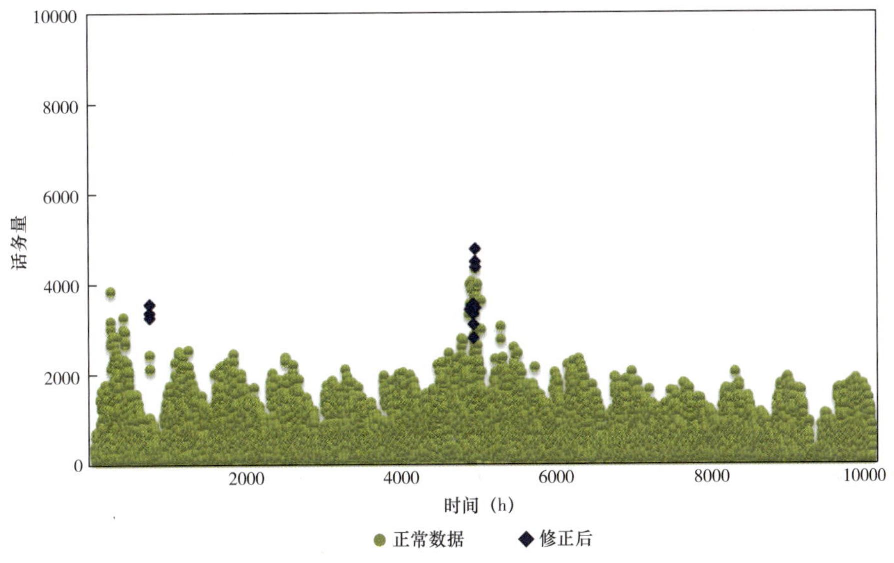

图5-2　修正后话务量散点图

5.2　话务量影响因子分析

话务量预测是一种根据历史数据和其他相关因素来预测未来通信或业务的需求量的方法。影响因子分析是对话务量预测中各种潜在因素的影响程度进行评估和分析的过程。通过影响因子分析可以确定对话务量变化产生重要影响的因素，这些因素可能包括季节性变化、温度变化、发展趋势等。通过综合考虑这些因素，可以提高话务量预测的准确性，帮助组织更好地规划资源和制定业务策略。此外，还可以更好地理解业务需求的波动和变化。通过了解不同因素对话务量的影响，组织可以更好地分配资源，避免资源过剩或不足的情况，从而提高效率、降低成本，并确保满足客户需求。通过影响因子分析，可以获得关于不同因素的定量数据，这有助于做出明智的决策。

总之，影响因子分析可以提供有关话务量变化的深入洞察，帮助客服中心更好地理解业务需求，并做出更明智的决策。这将有助于提高业务效率、优化资源分配，并降低风险。

5.2.1 相关性分析模型

话务数据和外部因素的关联性包括线性相关和非线性相关，线性相关可采用Pearson公式计算、非线性相关可采用最大信息系数表示、离散数据的相关性可采用灰色关联度表示。

1. Pearson公式

具体表示为

$$\begin{aligned}\rho_{X,Y} &= \frac{\operatorname{cov}(X,Y)}{\sigma_X \sigma_y} = \frac{E\left[\left(X-\mu_X\right)\left(Y-\mu_Y\right)\right]}{\sigma_X \sigma_y} \\ &= \frac{E(XY)-E(X)E(Y)}{\sqrt{E\left(X^2\right)-E^2(X)}\sqrt{E\left(Y^2\right)-E^2(Y)}}\end{aligned} \tag{5-1}$$

式中：$\operatorname{cov}(\cdot,\cdot)$ 表示协方差；$E(\cdot)$ 表示样本期望；μ 表示样本偏差；σ 表示标准差。

2. 最大信息系数

最大信息系数是通过对连续型变量实施不等间隔的离散化寻优来挖掘变量之间的线性和非线性关系，同时还可以广泛地挖掘出特征之间的非函数依赖关系。最大信息系数可利用互信息和网格划分方法来进行计算。其中，互信息可以看成一个随机变量中包含的关于另一个随机变量的信息量，或者说是一个随机变量由于已知另一个随机变量而减少的不确定性。用电信息（X_1, X_2）的互信息 I（X_1; X_2）定义为

$$I(X_1;X_2)=\sum\sum P(X_1,X_2)\log_2\frac{P(X_1,X_2)}{P(X_1)P(X_2)} \tag{5-2}$$

式中：P（X_1, X_2）为 X_1 和 X_2 的联合概率密度；P（X_1）和 P（X_2）分别为 X_1 和 X_2 的边缘概率分布密度。

将 X_1 分别与每一个 X_2 看作一个数据集 A，把 X_1 的取值范围划分为 a 个区间，X_2 的取值范围划分为 b 个区间，这样在（X_1, X_2）的散点图上来看，所有的点被分为 $a\times b$ 个区间，数据集 A 在不同的区间划分方法中，会得到不同的数据分布情况，不同区间划分方式中的最大值即为最大信息值，经归一化处理后得到最大信息系数（M_{IC}），其数学表达式为

$$M_{IC}(X_1;X_2)=\max_{(a\times b)<B(n)}\frac{I(X_1;X_2)}{\log_2\min(a,b)} \tag{5-3}$$

式中：$B(n)=n^{0.6}$。

最大信息系数是衡量两个变量之间相关性（包括线性相关和非线性相关）大小的一种标准，由式（5-3）可知，其取值范围为0～1，取值越大，说明相关性越强，反之则越弱。

相比于线性相关系数，最大信息系数具有普适性和公平性的优点。当样本数足够多时，最大信息系数可以反映变量之间的线性和非线性关系，同时也能反映非函数依

赖关系的强弱，并且能为不同类型单噪声程度相似的相关关系给出相近的系数。

3. 灰色关联度

离散数列间的关联性分析可采用灰色关联分析法进行分析。灰色关联分析是指对一个系统发展变化态势的定量描述和比较的方法，就是在一个灰色系统中，可以了解其中某个关注对象与其他对象的关联性的相对强弱，其基本思想是通过确定参考数据列和若干个比较数据列的几何形状相似程度来判断其联系是否紧密，它反映了数列间的关联程度。

（1）灰色关联分析算法的具体流程如下：

1）首先，基于用户信息数据生成初始矩阵，即

$$\left(x_0, x_1, \cdots, x_i, y_0\right) = \begin{pmatrix} x_0(1) & \ldots & x_i(1) & y_0(1) \\ \vdots & \ddots & \vdots & \vdots \\ x_0(j) & \cdots & x_i(j) & y_0(j) \end{pmatrix} \tag{5-4}$$

式中：x_i数列表示第i个用户的行为；y_0数列表示用户的数据；j表示各个序列数据的时间维数。

2）然后，对数据进行归一化处理。用户信息数据多源异构的特点使得原始数据在量纲和数量级上可能存在差异，因此需要进行归一化处理，即

$$x_i'(j) = \frac{x_i(j) - \min\{x_i\}}{\max\{x_i\} - \min\{x_i\}} \tag{5-5}$$

式中：$\min\{x_i\}$表示取x_i数列中的最小值。

接着，产生差值矩阵，差值表示为

$$\Delta_{ij} = \left|x_i(j)' - y_0(j)'\right| \tag{5-6}$$

构造差值矩阵为

$$\Delta = \begin{pmatrix} \Delta_{01} & \ldots & \Delta_{i1} \\ \vdots & \ddots & \vdots \\ \Delta_{0j} & \cdots & \Delta_{ij} \end{pmatrix} \tag{5-7}$$

其中最大差值与最小差值表示为

$$\begin{cases} M = \max\{\Delta_{ij}\} \\ m = \max\{\Delta_{ij}\} \end{cases} \tag{5-8}$$

进而，生成关联系数矩阵，矩阵中的元素表示为

$$\lambda_{ij} = \frac{m + \rho M}{\Delta_{ij} + \rho M} \tag{5-9}$$

式中：ρ为分辨系数，ρ值越小，分辨力越大，一般为$0 \sim 1$，通常取ρ=0.5。

3）最后，计算灰色关联度。对第j列的λ_{ij}取均值，即得到第j个行业客户每年总

量x_j与目标用户每年话务总量y_0间的灰色关联度。关联度越大代表两者关联性越强。

在传统灰色关联分析模型中，灰色关联度是对各个历史时期的关联系数求取均值获得的。然而实际上历史数据对现有情况的影响程度不一致，通常在同等条件下，数据的历史时间越近，对现有情况的影响程度越高。对此，需要对传统灰色关联模型进行改进，将从历史时期对灰色关联度进行加权，以弥补传统灰色关联分析模型存在的不足。

（2）加权关联度的计算。影响因素i与话务量在不同时间k之间的加权关联度的计算公式为

$$r'_{ij}=\sum_{k=1}^{j}\omega(k)\lambda_{0i}(k) \tag{5-10}$$

式中：$\omega(k)$为权值，表示k时间的影响因素i与话务量关联系数$\lambda_{0i}(k)$的权重。

$\omega(k)$的计算方法如下：

1）根据历史时间“近大远小”的原则，形成历史时间k_1与k_2的模糊互补优先关系矩阵$\boldsymbol{F}=(f_{k_1k_2})_{j\times j}$。其中，$f_{k_1k_2}$表示针对某个行业$i$，时间$k_1$的数据与$k_2$的数据重要性大小对比关系，满足$f_{k_1k_2}+f_{k_2k_1}=1$。

当$k_1>k_2$时，表示历史时间k_1的数据比k_2的数据重要，令$f_{k_1k_2}=1$；反之，当$k_1<k_2$时，则令$f_{k_1k_2}=1$；当$k_1=k_2$时，表示历史时间k_1的数据比k_2的数据同等重要，令$f_{k_1k_2}=0.5$。

2）将模糊互补优先关系矩阵$\boldsymbol{F}=(f_{k_1k_2})_{j\times j}$改造成模糊一致矩阵$\boldsymbol{S}=(s_{k_1k_2})_{j\times j}$，其中：

$$S_{k_1}=\sum_{k_2=1}^{j}f_{k_1k_2} \tag{5-11}$$

$$S_{k_1k_2}=\frac{S_{k_1}-S_{k_2}}{2j}+0.5 \tag{5-12}$$

3）求权值$\omega(k)$：

$$\omega(j)=\frac{1}{j}-\frac{1}{2a}+\frac{1}{ja}\sum_{k_2=1}^{j}s_{k_1k_2} \tag{5-13}$$

式中：a为满足$a\geqslant 0.5(j-1)$的参数，一般取$a=0.5(j-1)$。

这样，越靠近当前的历史数据将被赋予越大的权值，从而越能凸显其重要性。

5.2.2 地域性影响因子分析

本章算例研究的数据为广东电网客户服务中心话务量数据，收集了2020年1月1日—2022年12月31广东省（除深圳）的话务量数据。同时，也收集了可能影响话务量的其他因素，最后得到的数据集包括日话务量、停电信息、时间信息、日期类型、天气类型和其他天气变量6类数据，其中天气数据源自广东省各地级市气象站。6类数据的说明见表5-1。

表5-1 6类数据的说明

数据类别	数据描述	数据类型
话务量	省级层面的日/小时通话记录	时序型
停电信息	不停电、计划检修停电、故障停电	分类型
时间信息	年、季节、月、星期、日、小时	分类型
日期类型	是否为工作日、是否为节假日、节假日类型	分类型
天气类型	各地级市天气状况：晴、阴、小雨、阵雨、中雨、大雨、暴雨、雪；风力等级：1～10级	分类/数值型
其他气象变量	各地级市最高温、最低温、平均气温	分类/数值型

根据各因素对话务量的影响程度，初次量化文字信息：①分别将工作日、周末、其他节假日的量化值定义为1、2、3；②分别将晴天、多云、阴天、小雨、中雨、大雨、雪天的量化值定义为1、2、3、4、5、6、7；③分别将不停电、计划检修停电、故障停电的量化值定义为0、2、4；④分别将无雷电、雷电蓝色预警、雷电黄色预警、雷电橙色预警、雷电红色预警的量化值定义为0、1、2、3、5；⑤有数值的信息不做初步量化处理。

广东电网客户服务中心负责除深圳市外的20个地级市，每个地级市的气象等外部环境具有较大差异，因而对话务量的影响不尽相同。下面针对气温变化进行分析，广东省各地市（不含深圳市）2022年最高温和最低温曲线如图5-3、图5-4所示。

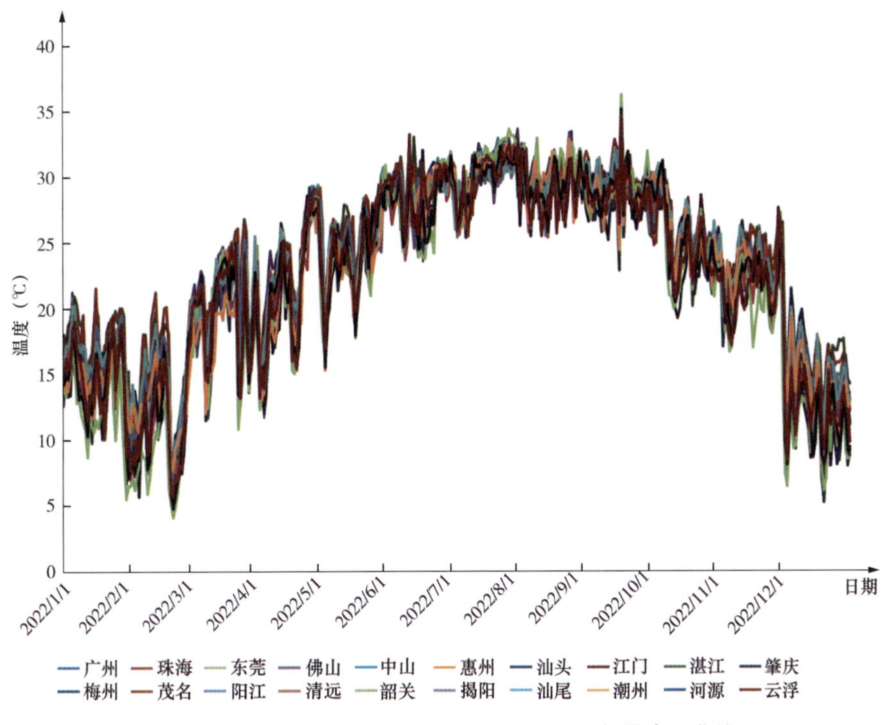

图5-3 广东省各地市（不含深圳市）2022年最高温曲线

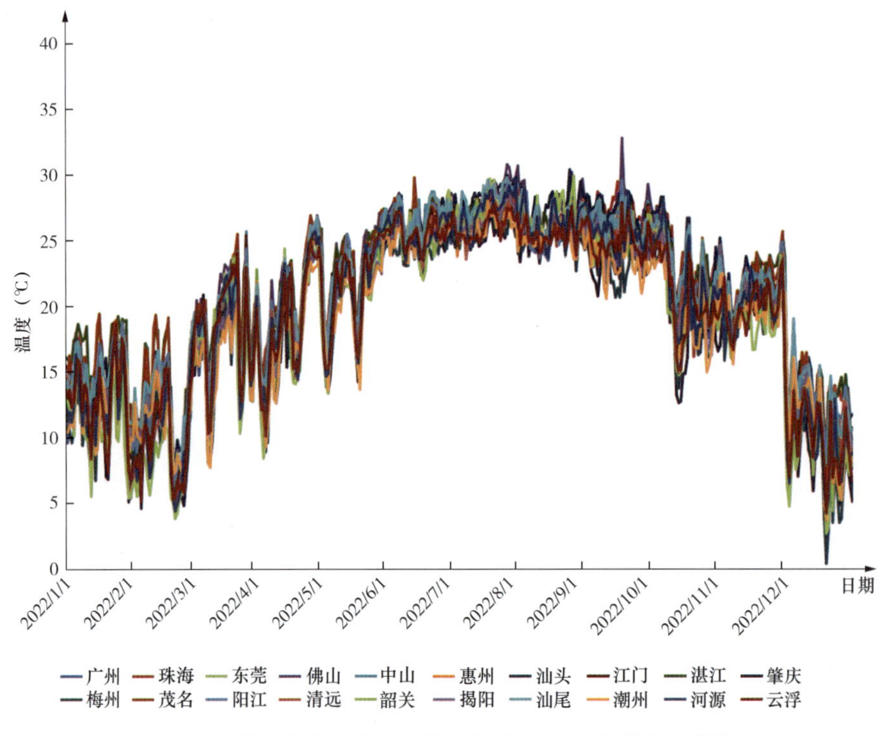

图5-4　广东省（不含深圳市）各地市2022年最低温曲线

由图5-3、图5-4可知，全省各地级市最高温和最低温变化的整体趋势基本一致，但波动幅度等具有显著差异，为了进一步量化分析其差异，列表表示各地级市年最高温、最低温、平均气温，各地级市年最高温、最低温、平均气温见表5-2。

表5-2　　各地级市年最高温、最低温、平均气温

地级市	年最高温（℃）	年最低温（℃）	年平均气温（℃）
广州	34.8	4.4	20.7
珠海	33.2	6.3	22.6
东莞	34.6	5.6	22.0
佛山	32.9	5	21.9
中山	35.1	5.7	22.0
惠州	34.7	4.6	21.1
汕头	33.2	7.7	22.3
江门	33.3	5.4	21.5
湛江	34.5	6.6	22.4
肇庆	36.1	1.3	19.9
梅州	35	0.3	20.1

续表

地级市	年最高温（℃）	年最低温（℃）	年平均气温（℃）
茂名	32.7	6.8	22.2
阳江	33.6	6.2	21.9
清远	35	4.3	20.9
韶关	34.5	2.6	20.2
揭阳	34.8	6.1	21.3
汕尾	33.2	7.3	22.2
潮州	34.6	3.6	20.6
河源	32.9	4.1	20.8
云浮	35.1	0.3	20.8

由表5-2可知，在年最高温的地级市中，肇庆最高温为36.1℃，而茂名仅有32.7℃；在年最低温的地级市中，云浮最低温为0.3℃，而汕头高达7.7℃。这充分说明不同地级市气象等外部环境具有差异，因而不同地级市的外部环境数据对话务量影响的重要程度不同。

灰色关联分析可以提供相对关联性的度量，可以帮助得到变量之间的相对关联情况，为此本书采用灰色关联的方法探究不同地级市最高温、最低温、平均气温、降雨、风级、天气对广东省话务量的影响程度，各地级市各因素灰色关联结果见表5-3。

表5-3 各地级市各因素灰色关联结果

地区	关联系数					
	最高温	最低温	平均气温	降雨	风级	天气
广州	0.85	0.84	0.85	0.87	0.73	0.76
珠海	0.80	0.80	0.79	0.75	0.85	0.46
东莞	0.77	0.78	0.75	0.81	0.76	0.57
佛山	0.83	0.97	0.90	0.94	0.71	0.55
中山	0.78	0.84	0.81	0.86	0.72	0.36
惠州	0.80	0.81	0.82	0.78	0.83	0.59
汕头	0.85	0.95	0.87	0.87	0.87	0.52
江门	0.79	0.90	0.86	0.82	0.81	0.68
湛江	0.65	0.62	0.62	0.76	0.79	0.23
肇庆	0.87	0.78	0.83	0.69	0.74	0.65
梅州	0.80	0.82	0.82	0.76	0.82	0.96

续表

地区	关联系数					
	最高温	最低温	平均气温	降雨	风级	天气
茂名	0.77	0.74	0.73	0.70	0.74	0.35
阳江	0.79	0.85	0.76	0.77	0.69	0.44
清远	0.83	0.81	0.84	0.81	0.65	0.64
韶关	0.96	0.97	0.95	0.87	0.68	0.64
揭阳	0.82	0.94	0.83	0.83	0.71	0.62
汕尾	0.78	0.92	0.81	0.84	0.79	0.52
潮州	0.91	0.95	0.89	0.78	0.85	0.65
河源	0.76	0.85	0.80	0.74	0.78	0.91
云浮	0.88	0.81	0.78	0.72	0.73	0.54

在灰色关联结果的基础上，进一步采用归一化分配各地级市对话务量变化的影响权重，具体可表示为

$$w_l^f = \frac{\rho_l^f}{\sum_{l=1}^{20} \rho_l^f} \tag{5-14}$$

式中：w_l^f表示第l个地级市的f因素对话务量影响的权重；ρ_l^f表示第l个地级市的f因素与话务量的灰色关联系数。

经分析可得到各地级市因素影响权重结果，各地级市因素影响权重结果见表5-4。

表5-4 各地级市因素影响权重结果

地区	权重系数					
	最高温	最低温	平均气温	降雨	风级	天气
广州	0.052	0.050	0.052	0.054	0.048	0.065
珠海	0.049	0.047	0.048	0.047	0.056	0.040
东莞	0.047	0.046	0.046	0.051	0.050	0.049
佛山	0.051	0.057	0.055	0.059	0.047	0.047
中山	0.048	0.050	0.050	0.054	0.047	0.031
惠州	0.049	0.048	0.050	0.049	0.054	0.051
汕头	0.052	0.056	0.053	0.054	0.057	0.045
江门	0.048	0.053	0.053	0.051	0.053	0.058
湛江	0.040	0.037	0.038	0.048	0.052	0.020

续表

地区	权重系数					
	最高温	最低温	平均气温	降雨	风级	天气
肇庆	0.053	0.046	0.051	0.043	0.049	0.056
梅州	0.049	0.048	0.050	0.048	0.054	0.082
茂名	0.047	0.044	0.045	0.044	0.049	0.030
阳江	0.048	0.050	0.047	0.048	0.045	0.038
清远	0.051	0.048	0.052	0.051	0.043	0.055
韶关	0.059	0.057	0.058	0.054	0.045	0.055
揭阳	0.050	0.055	0.051	0.052	0.047	0.053
汕尾	0.048	0.054	0.050	0.053	0.052	0.045
潮州	0.056	0.056	0.055	0.049	0.056	0.056
河源	0.047	0.050	0.049	0.046	0.051	0.078
云浮	0.054	0.048	0.048	0.045	0.048	0.046

5.2.3 突发性影响因子分析

突发性影响因子包括天气状况、风力等级等。不同的天气状况可以引起用户对电网服务的不同需求和问题，在天气恶劣的情况下，如大雨、暴雨或雪天，可能会出现电网故障、停电等问题，用户可能需要咨询和寻求支持，从而导致话务量增加。风力等级的变化可能与电网设备的稳定性和故障发生率相关，较高的风力等级可能导致电线杆、电缆等设备受损或倒塌，引发停电或故障停电。

采用最大信息系数计算突发性影响因子与话务量的相关性，突发性影响因子分析结果见表5-5。

表5-5 突发性影响因子分析结果

突发性影响因子	停电事件	天气	极端天气	风级
相关系数	0.834	0.632	0.756	0.348

分析表5-5可知，话务量与极端天气的关联程度为0.756，这个较高的关联程度表明停电事件很可能与天气条件密切相关。极端天气包括暴风雨、暴雪、洪水等极端气象条件，高关联程度意味着特定的天气条件可能引发停电事件或增加停电事件的概率，如极端的炎热天气或强烈的雷暴可能导致电力系统的故障和停电。

分析表5-5可知，话务量与风级的关联程度为0.348，这个关联程度较低，表明停电事件与风级之间的关联性相对较弱。风级是衡量风力大小的指标，与话务量之间的关联程度较低可能是由于其他因素对停电事件的影响更为显著。然而，这并不排除风级在某些特定情况下可能对电力系统造成影响，例如风暴或龙卷风等极端天气事件。

5.3 本章小结

本章首先构建了话务预测数据模型并对文字信息进行量化，在此基础上，引入随机森林-拉格朗日插值对话务数据进行清洗，然后构建Pearson和MIC相关性分析模型，分析话务量影响因子，主要包括地域性影响因子和突发性影响因子两方面，从而提供有关话务量变化的深入洞察，为后续话务量预测奠定基础。

6 基于STR分解话务量预测

话务数据是单变量时间序列数据，受到多种复杂外界因素的影响，具有季节性变化、周期性变化、非线性、噪声和波动等特点，而目前对于时间序列数据，为了更好地分析数据特性，常常采用回归季节性趋势分解（seasonal-trend decomposition procedure based on regression，STR）方法，根据数据的不同特性进行分解，同时也为选择话务量预测提供方法和帮助。在话务量预测中，历史话务量曲线是重要的分析工具，其是反映一段时间内客服中心话务量随时间变化情况的曲线，通过对历史话务量曲线的分解和分析，可以获悉话务量不同时间段的趋势，便于话务量预测。

前述章节已经介绍了话务量预处理及话务量影响因子分析，本章将继续探讨话务数据，对电网客服话务进行特征辨识，并构建历史话务量曲线STR分解模型，根据话务量数据的特点，将话务量数据分为趋势分量、突变分量和周期分量，然后对不同分量进行分析，最后介绍日话务量预测模型研究。

6.1 历史话务量曲线STR分解模型及结果分析

STR分解是一种常用的时序数据分解方法，用于将时间序列数据分解为季节分量、趋势分量和随机分量。这种方法通过消除季节性和趋势性的影响，将数据中的随机波动提取出来。具体步骤如下：

（1）分解季节分量（seasonal component）。首先，通过对原始数据进行移动平均或局部加权回归（LOESS）平滑，得到季节性的近似估计。这一步旨在去除数据中的长期趋势和随机波动，突出季节性成分。通常，季节分量是由周期性变化引起的，例如一年中的季节变化。

（2）分解趋势分量（trend component）。在去除季节性后，对剩余数据进行平滑处理，得到趋势的估计。这一步旨在捕捉数据中的长期趋势，如逐渐增长或减小的趋势。

（3）得到随机分量（residual component）。通过将季节分量和趋势分量从原始数据中减去，得到随机分量。随机分量代表了原始数据中无法被季节性和趋势性解释的部分，即随机波动或噪声。

STR分解可以帮助操作者更好地理解时间序列数据中的季节性、趋势性和随机性成分，其对预测和分析时间序列数据中的周期性和长期趋势变化非常有用。通过STR分解分离出这些不同的成分，便可以更准确地研究和分析数据的特征，并据此做出决策或预测。

6.1.1 客服话务特征辨识

1. 客服话务量周期性辨识

通常客服中心话务量具有明显的工作日效应，鉴别其是否具有此种规律有利于实现话务量精准预测。卡诺瓦-汉森（Canova-Hansen，CH）检验能够通过假设检验来判断时间序列是否含确定性的周期性。构造辅助检测的回归式如下

$$y_t = \phi + Z_t'\beta + f_t\gamma + \varepsilon_t \tag{6-1}$$

式中：ϕ为固定常量；Z_t为解释变量；β、γ为回归系数；f_t为一组季节性虚拟变量；ε_t为与Z_t和f_t无关的误差项。

采用拉格朗日乘子检验以下统计量

$$L_f = T^{-2}\sum_{t=1}^{T}\hat{F}_t'\left(\hat{\Omega}_f\right)^{-1}\hat{F}_t \tag{6-2}$$

式中：T为时序数据总量；$\hat{F}_t=\sum_{t=1}^{T}f_t\hat{\varepsilon}_t$；$\hat{\varepsilon}_t$为式（6-1）的最小二乘估计的残差集；$\hat{\Omega}_f$为$f_t\hat{\varepsilon}_t$的方差-协方差矩阵的一致估计，基于非参数核估计有

$$\hat{\Omega}_f = \lim_{m\to\infty}\sum_{k=-m}^{m}W\left(\frac{k}{m}\right)\frac{1}{T}\sum_{t=1}^{T}f_{t+k}f_t'\hat{\varepsilon}_{t+k}\hat{\varepsilon}_t \tag{6-3}$$

式中：$W(\cdot)$为核函数，取$W(x)=1-|x|$。

2. 客服话务量对气温相关性辨识

气象情况对话务量的变化有着间接影响，了解话务量与气温变动的相关性，有助于对话务量进行精细化预测。

皮尔逊相关系数是计算相关性的常用方法，为避免短期周期性波动的影响，计算话务量与日均气温累计量间的相关性如下：

$$r\left[a_{(7+)},y_{(7+)}\right]=\frac{\mathrm{cov}\left[a_{(7+)},y_{(7+)}\right]}{\sigma\left[a_{(7+)}\right]\cdot\sigma\left[y_{(7+)}\right]} \tag{6-4}$$

式中：$a_{(7+)}$表示相邻7天日最高气温累加量序列；$y_{(7+)}$表示相邻7天日话务量累加量序列；$\mathrm{cov}(\cdot,\cdot)$表示协方差；$\sigma(\cdot)$表示标准差。

当$r\left(a_{(7+)},y_{(7+)}\right)>0.6$时，认为话务量受日最高气温影响程度较大。

3. 话务量受突发事件影响辨识

当突发事件发生时，话务量的增加远超过正常水平。突发事件原因、事件影响时间、事件影响范围等信息不准确、信息发布不及时均与话务量有一定联系。

假设正常情况下无突发事件和发生突发事件两种类型的话务量分别服从正态分布$N\left(\mu_1,\sigma_1^2\right)$和$N\left(\mu_2,\sigma_2^2\right)$，并以无突发事件和突发事件两种类型的话务量样本对$\mu_1$、$\sigma_1$、$\mu_2$、$\sigma_2$进行估计。

基于第i个突发事件所处类型，在正态分布$N\left(\mu_1,\sigma_1^2\right)$或$N\left(\mu_2,\sigma_2^2\right)$求取正常工作情况下降到该突发事件话务量的概率为$P\left(y\leqslant y_i\right)$，并以此概率判断话务量受突发事件影响程度：当$P\left(y\leqslant y_i\right)<10\%$时认为受影响程度较大，需将突发事件作为话务量预测的依据之一。

6.1.2 STR分解模型

由于话务量受到多种复杂外界因素的影响，而其本身又呈非线性趋势，宏观波动

复杂多变，数据既呈现非线性的升、降趋势，又夹杂着各种周期波动，还有各种未知随机因素的干扰。为了更好地了解分析这些数据的特性，较合理的方法是根据这些数据的不同特性对其进行分解，同时为选择话务量预测提供方法和帮助。

将时间序列分解为各个部分的尝试最早可以追溯至1884年，当时Poynting（1884）提出将平均价格作为消除趋势和季节波动的工具。后来，他的方法被胡克（1901）、斯宾塞（1904）及安德森和诺奇马尔斯（1914）所扩展。对此方向的进一步研究包括Copeland（1915）的研究，他是第一个尝试提取季节分量的人，直到Macaulay（1931）提出了逐渐成为"经典"方法的方法。Macaulay研究出了Census Ⅱ方法，由于1955年开发的计算机程序大大简化了计算，此方法于1995年后被广泛使用。由于增加了各种技术和功能，例如鲁棒性、日期效果、协变量、ARIMA扩展和广泛的诊断方法，Census Ⅱ方法一直在不断发展，其广泛使用的版本是X-11（1967）、X-11-ARIMA（1988）、X-12-ARIMA（1998年）和X-13-ARIMA-SEATS（2005年）。克利夫兰等人开发了使用LOESS的季节趋势分解方法（Seasonal-Trend Decomposition Procedure Based on Loess），已在国家统计机构等广泛使用，该方法使用迭代的LOESS平滑来获得趋势的估计，然后再次进行LOESS平滑以提取变化的附加季节性分量。

这些常用分解方法的主要缺陷有：①无法提供有意义且简单的统计模型（对于大部分方法）；②无法（或很难）计算置信区间（对于大部分方法）；③无法考虑协变量（对于部分方法）；④无法考虑季节性分数（对于绝大多数方法）；⑤无法考虑多个季节（对于绝大多数方法）；⑥无法考虑以复杂的季节性方式影响数据的协变量（状态空间模型可以考虑以简单的季节性方式影响数据的协变量）；⑦无法考虑复杂的季节性（对于所有方法）。

虽然可用的分解方法有很多，但都存在缺陷，没有一种方法能够清楚、简单且通用地处理需要分解季节性数据的许多实际问题，因此需要通过一种清晰、通用、基于模型、稳健（如果需要）和简单的新方法来填补这一空白。新的STR方法是目前可用的最通用的季节性数据分解框架，它将季节性分解的问题在普通最小二乘法或分位数回归的框架内进行重铸。同时，此方法还提供了以前未开发的新功能，如以复杂的季节性方式影响数据的预测变量和对复杂的季节性进行建模的能力。

根据上文分析，结合话务量数据的周期性特点，把话务量细分为趋势分量、突变分量和周期分量，对于话务量数据时间序列Y_t，该时间序列包含三个加法分量，具体表示为

$$Y_t = L_t + S_t + R_t,\ t = 1, \cdots, n \tag{6-5}$$

式中：L_t是趋势项；S_t是季节性成分；R_t是残项。

假定季节性成分具有重复模式，该模式变化缓慢或随时间变化保持恒定。趋势成分描述了数据的平滑底层均值（考虑了季节性之后）。其余部分仅在数据中包含噪声和特质模式。

令m表示数据中的“季节”数。例如，如果Y_t是具有每周重复模式的日数据，则$m=7$。定义函数$\kappa(t)=t \bmod m$，它将时间t转换为相应季节$\kappa(t)\in\{1,\cdots,m\}$。

对于时间t，通过式（6–5）间接地观察到季节模式中只有一个要素，因此需要知道该模式在时刻t的其他组成部分。通过定义除$\kappa(t)$之外的反映季节性的其他潜在分量，将季节性模式视为二维$S_{i,t}(i=1,\cdots,m)$，并假定$S_t=S_{\kappa(t),t}$。将使用带有一个索引的S来表示式（6–6）中的季节向量，而带有两个索引的$\boldsymbol{S}$将代表季节形状的矩阵。因此，式（6–5）可以重写为

$$\boldsymbol{Y}_t=\boldsymbol{L}_t+\boldsymbol{S}_{\kappa(t),t}+\boldsymbol{R}_t,\ t=1,\cdots,n \tag{6–6}$$

每周季节模式的平滑度可以描述为$S_{i,t}$在季节方向i上的平滑度，而季节性随时间变化的速度由$\boldsymbol{S}_{i,t}$在时间方向t上的平滑度控制。

STR的平滑度约束假设如下：

1）其余项$\boldsymbol{R}_t$为i.i.d. $N(0,\sigma_R^2)$。

2）趋势项是平滑的，因此$\Delta_2\boldsymbol{L}_t$是i.i.d. $N(0,\sigma_L^2)$。

3）季节性项的总和必须为零，故对于任何t都具有

$$\sum_S \boldsymbol{S}_{s,t}=0 \tag{6–7}$$

4）每个季节项也随时间平滑变化，因此季节向量$\left\langle\Delta_2 S_{i,t}\right\rangle_{i=1}^m$为i.i.d. $N(0,\sigma_S^2\Sigma_S)$，其中

$$\Sigma_S=I_m-\frac{1}{m}1_m \tag{6–8}$$

式中：Σ_S是一个$m\times m$矩阵，可以认为是从i.i.d标准正态随机变量$\eta_1,\cdots,\eta_m$获得的m个随机变量$\xi_i=\eta_i-\frac{1}{m}\sum_{r=1}^m\eta_r$的协方差矩阵。

5）$\boldsymbol{L}$、$\boldsymbol{S}$和$\boldsymbol{R}$彼此独立。

令$\boldsymbol{S}^-$为矩阵$\boldsymbol{S}$缺少最后一行的矩阵。由于最后一行是所有其他行的负和，因此可以使用线性运算从$\boldsymbol{S}^-$恢复$\boldsymbol{S}$，即存在矩阵$\boldsymbol{P}$使得

$$\mathrm{vec}(\boldsymbol{S})=P\mathrm{vec}(\boldsymbol{S}^-) \tag{6–9}$$

根据式（6–2）和式（6–5），存在$n\times n(m-1)$阶矩阵$\boldsymbol{Q}$能从$\mathrm{vec}(\boldsymbol{S}^-)$提取$\left\langle\boldsymbol{S}_{\kappa(t),t}\right\rangle_{t=1}^n$，则有

$$\boldsymbol{Y}=\boldsymbol{L}+\boldsymbol{Q}\mathrm{vec}(S^{-})+\boldsymbol{R} \tag{6-10}$$

组成$\boldsymbol{Y}$的每个分量的概率密度函数可以写成

$$p_R\left(r,\sigma_R\right)=f_R\left(\sigma_R\right)\mathrm{e}^{-\frac{1}{2}\left\|\frac{r}{\sigma_R}\right\|_{L_2}^2} \tag{6-11}$$

式中：r是$\boldsymbol{R}$的实现；f_R是某个函数。

$$p_L\left(l,\sigma_L\right)=f_L\left(\sigma_L\right)\mathrm{e}^{-\frac{1}{2}\left\|\frac{\boldsymbol{D}_l l}{\sigma_L}\right\|_{L_2}^2}\times p_{L_1}\left(l_1\right)p_{L_2}\left(l_2\right) \tag{6-12}$$

式中：l是$\boldsymbol{L}$的实现；f_L是某个函数；p_{L1}（l_1）和p_{L2}（l_2）是第一趋势变量和第二趋势变量的概率密度函数；$\boldsymbol{D}_l$是计算l的双差分$\Delta^2 l_t$（$3\leqslant t\leqslant n$）的（$n-2$）×n矩阵。

令$\Xi^{\times}$为通过去除Σ_S最后一行和最后一列获得的（$m-1$）×（$m-1$）矩阵，则有

$$p_{s^-}\left(\boldsymbol{S}^-,\sigma_S\right)=f_S\left(\sigma_S\right)\mathrm{e}^{-\frac{1}{2}\left\|\frac{\Xi^{-\frac{1}{2}}D_S\mathrm{vec}\left(\boldsymbol{S}^-\right)}{\sigma_S}\right\|_{L_2}^2}\times p_{s_{.1}^-}\left(S_{.1}^-\right)p_{s_{.2}^-}\left(S_{.2}^-\right) \tag{6-13}$$

式中：s^-是$\boldsymbol{S}^-$的实现；f_S是某个函数；$p_{s_{.1}^-}\left(\boldsymbol{S}_{.1}^-\right)$和$p_{s_{.2}^-}\left(\boldsymbol{S}_{.2}^-\right)$是时间1和2（随机矩阵$\boldsymbol{s}^-$的第一和第二列）的季节性向量的概率密度函数；$\boldsymbol{D}_S$是（$n-2$）（$m-1$）×$n$（$m-1$）矩阵，用于计算沿时间维度的双差分$\left\langle\Delta_t^2 S_{s,t}^-\right\rangle_{s=1}^{m-1}$（$3\leqslant t\leqslant n$）。

根据式（6-14），（$\boldsymbol{S}^-$，$\boldsymbol{L}$，$\boldsymbol{Y}$）^{3}的完全可能性可以写成

$$p_{S^-,\mathcal{L},y}\left(S^-,\ell,y\right)=p_{\mathcal{R}}\left(y-Qvec\left(S^-\right)-\ell,\sigma_R\right)\times p_{S^-}\left(S^-,\sigma_S\right)p_{\mathcal{L}}\left(\ell,\sigma_L\right) \tag{6-14}$$

应用贝叶斯定理可得到

$$p_{S^-,\mathcal{L},y}\left(S^-,\ell,y\right)=\frac{p_{\mathcal{R}}\left(y-Qvec\left(S^-\right)-\ell,\sigma_R\right)\times p_{S^-}\left(S^-,\sigma_S\right)p_{\mathcal{L}}\left(\ell,\sigma_L\right)}{p_y\left(y\right)} \tag{6-15}$$

由于p_Y（y）不依赖于$\boldsymbol{S}^-$和l，并且它实际上是一个归一化因子，因此还扩展了公式并将概率函数$p_{S-.1}$（$\boldsymbol{S}_{.1}$）、$p_{S-.2}$（$\boldsymbol{S}_{.2}$）、p_{L1}（l_1）和p_{L2}（l_2）定义为非信息性（因此不依赖于S和l），由此可得到

$$p_{S^-,\mathcal{L}|y}\left(S^-,\ell,y\right)=f\left(\sigma_S,\sigma_L,\sigma_R\right)\times\mathrm{e}^{-\frac{1}{2}\left[\left\|\frac{y-Qvec\left(S^-\right)-\ell}{\sigma_R}\right\|_{L_2}^2+\left\|\frac{\Xi^{-\frac{1}{2}}D_s vec\left(S^-\right)}{\sigma_S}\right\|_{L_2}^2+\left\|\frac{D_\ell \ell}{\sigma_L}\right\|_{L_2}^2\right]} \tag{6-16}$$

对某些f（σ_S，σ_L，σ_R），可写为

$$p_{S^-,\mathcal{L}|y}\left(S^-,\ell,y\right)=f\left(\sigma_S,\sigma_L,\sigma_R\right)\times\mathrm{e}^{-\frac{1}{2\sigma_R^2}\left\|y^+-X\eta\right\|_{L_2}^2} \tag{6-17}$$

式中：$\boldsymbol{y}^{+}=[y',0]'$是用$m(n-2)$维的零矩阵扩展的向量$y$；$\eta=[\text{vec}(S^{-})',l']'$。

式（6-18）中的X可表示为

$$X=\begin{bmatrix} Q & I \\ \lambda_s \Xi^{-\frac{1}{2}} D_s & 0 \\ 0 & \lambda_\ell D_\ell \end{bmatrix} \tag{6-18}$$

式中：λ_s、λ_ℓ可表示为

$$\begin{cases} \lambda_s=\dfrac{\sigma_R}{\sigma_S} \\ \lambda_\ell=\dfrac{\sigma_R}{\sigma_L} \end{cases} \tag{6-19}$$

如果σ_S、σ_L和σ_R是固定的，则线性问题的y^{+}的概率密度函数具有完全相同的形式（等于一个乘法常数），具体可表示为

$$y+=X\eta+\varepsilon \tag{6-20}$$

式中：ε是i.i.d. N（0，σ_R^2）误差的［$n+m$（$n-2$）］维向量（表示余数R_t和正则化误差）。

S^{-}和l的最大后验估计为

$$\widehat{\left(\boldsymbol{S}^{-},\ell\right)}=\underset{S^{-},\ell}{\arg\min}\left[\left\|y-\boldsymbol{Q}vec\left(S^{-}\right)-\ell\right\|_{L_2}^2+\left\|\frac{\sigma_R}{\sigma_S}\boldsymbol{\Xi}^{-\frac{1}{2}}\boldsymbol{D}_S vec\left(\boldsymbol{S}^{-}\right)\right\|_{L_2}^2+\left\|\frac{\sigma_R}{\sigma_L}\boldsymbol{D}_\ell\ell\right\|_{L_2}^2\right] \tag{6-21}$$

或

$$\hat{\eta}=\underset{\eta}{\arg\min}\left[\left\|y^{+}-X\eta\right\|_{L_2}^2\right] \tag{6-22}$$

式（6-23）是一个有解的二次优化问题

$$\hat{\eta}=\left(X'X\right)^{-1}X'y^{+}=\left(X'X\right)^{-1}[\boldsymbol{Q}\quad I]'y \tag{6-23}$$

应用单个季节模式对行业客户负荷进行分解，序列表示为趋势项、每周的季节性项、平方温度（随时间变化但无季节性）、余项四个组成部分的总和。以广东省客服中心日话务量为例进行分析，得到对应的周期分解结果，结果如图6-1所示。

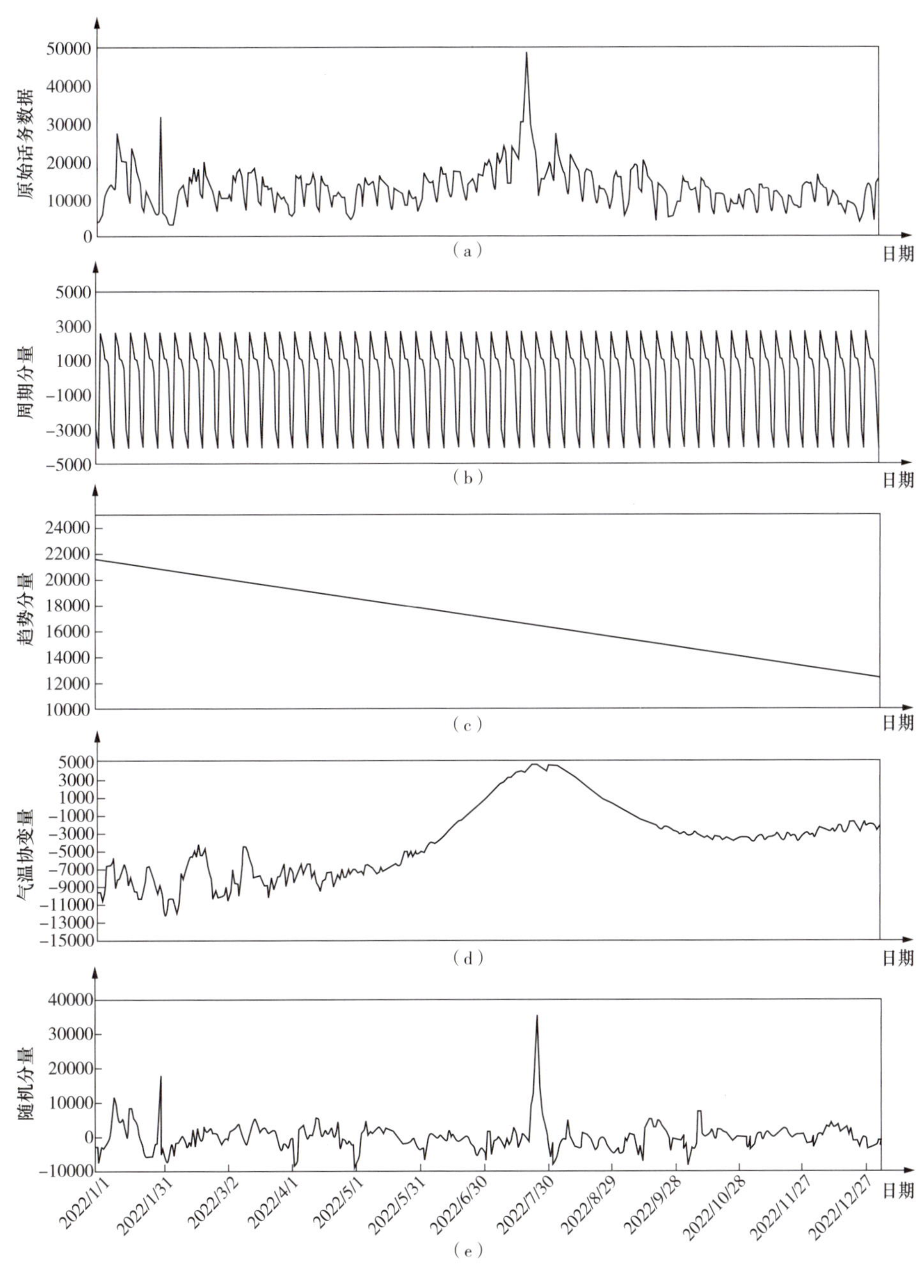

图6-1 周期分解结果

(a)原始话务数据;(b)周期分量;(c)趋势分量;(d)气温协变量;(e)随机分量

6.1.3 STR分解结果分析

1. 话务时间序列分析

时间序列也叫时间数列、动态数列或历史复数，它是按时间顺序将一些统计指标的值安排形成数列。时间序列预测的方法是在时间序列的编制和分析的基础上，根据时间序列所反映的发展方向进行延伸，以预测若干年或者一段时间之后可以到达的水平。时间序列预测的内容包括：①收集和整理社会现象或历史信息；②对这些数据进行检验鉴定，编制成数列；③分析时间序列，从中发现社会现象随着时间的推移而变化的规律，得到某种模式；④以此模式去预测该现象未来的情况。

时间序列预测的步骤如下：

（1）对历史资料进行收集和整理，按照时间序列编入序列，并按照时间先后绘制统计图。时间序列分析通常是按照各种因素的作用来进行分类的，而传统的分类是基于效果或各种因素影响进行的，其可分为长期趋势、季节变化、循环变动、不规则变动。

（2）分析时间序列。时间序列中的值都是各种因素同时影响后叠加的结果。

（3）寻找时间序列的长期趋势、季节变化和不规则变动的值，并选择近似数学模型来表示。利用合适的办法，求得数学模型中的未知参数的值。

（4）使用时间序列建立的长期趋势、季节变化和不规则变动的数学模型，用来分别预测长期趋势、季节变化值以及不规则变动值。然后，计算通过下面的模型来得到时间序列的预测值。

在不规则变动的预测值难以确定的情况下，就只预测长期趋势及季节变化值，通过将两者相乘或者相加的方法，就能求得时间序列的预测值。假如预测对象不随季节或者月份的变动而波动，就不需要再预测季节变化分量，预测出长期趋势值也就得到了时间序列的预测值。需要注意的是，得到的预测值也只是反映预测对象未来的宏观发展趋势，本质上类似于一个未来值的平均数，即使是非常准确的趋势预测值也无法精确表示未来的情况，实际值必然是以上下波动的形式变动的。

时间序列预测法按照预测范围来看，可用于短期、中期和长期预测。按照对数据处理手段的不同又有简单序时平均数法、加权序时平均数法、移动平均法、加权移动平均法、趋势预测法、指数平滑法、季节性趋势预测法、市场寿命周期预测法等。

本章在处理话务量序列的过程中借鉴时间序列预测处理的核心思想，特别是利用时间序列可以分解的特性，将话务量数据进行多方面分解，然后分别通过不同方法来进行分析预测。

2. 话务量周期分量分析

话务数据的波动存在周期性，话务量周期分量曲线如图6-2所示，由图可知最小的周期单位应该为7天，如果分析每周的话务量可以以此作为参考。

从图6-2可以初步看出，话务量具有以星期为单位的周期性，这也符合人们以周为单位工作生活的作息特点。特别是对于一些节假日的情况，如周末等固定性的节日，话务量相对平日会有较大的变动，这些数据是以年为周期的典型，假如需要预测这些

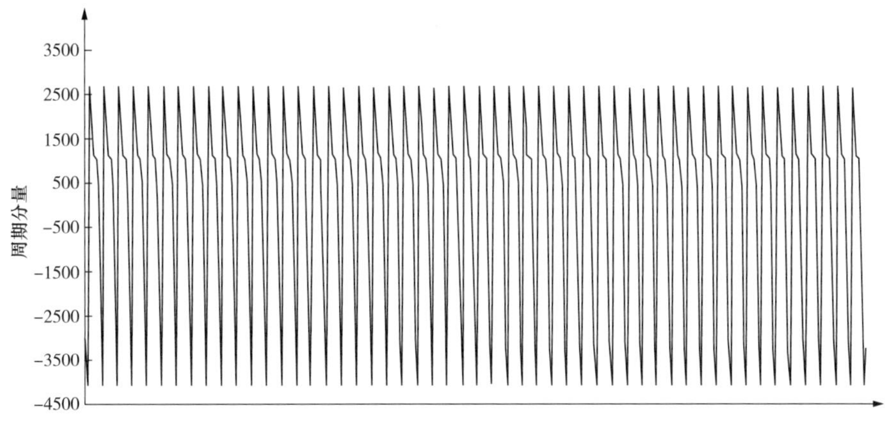

图6-2 话务量周期分量曲线

节假日的话务量，往年的数值具有比较大的可靠性，可以将其作为预测的依据。本章在分析各分量时，如果这些固定节日的话务量总是和日常话务量有很大的偏离，为避免对整体预测造成不良影响，建议将其作为突变分量进行处理。本章所做的分析是以准确预测趋势分量为核心的业务量预测工作，如何减少话务量序列中的年度周期对趋势分量的影响，提供更精确的数来进行趋势分量的预测是周期分量分析的最终目标。

周期分量是指话务量中固定周期性变化的成分。对于电网客服话务量，周期分量可以揭示每周不同时间段内的高峰和低谷。这种周期性变化可能与用户行为、活动安排或其他因素相关。通过对话务量数据进行周期分析，可以确定每周话务量较高和话务量较低的时间段，这对资源和人员调度、服务优化和容量规划具有重要意义。在每周的工作日上午和下午，可能观察到电网客服话务量较高，这可能是因为用户在上班时间有更多的机会联系客服，在周末或晚上，话务量可能相对较低，因为用户在非工作时间更少地需要联系客服。

通过了解这种周期性变化，可以调整资源分配和人员安排，以更好地满足高峰时段的需求，并在低谷时段提供更灵活的资源分配。除了天、周和年这些显著周期外，如果今后推广到其他领域，需要对不同时间尺度的话务数据周期进行分析，还可以采用相关性分析技术、小波分析等技术，寻找话务数据中存在的其他多种周期规律。

3. 话务量趋势分量分析

（1）趋势分量的趋势。趋势分量是一种描述时间序列数据中长期变化趋势的成分。在在线客服推广的背景下，可以进行如下趋势分量分析。

1）下降趋势。由于在线客服的普及和改进，越来越多的用户选择使用在线客服解决问题，而不是通过电话客服进行沟通，这可能导致电话客服话务量呈现下降趋势。随着在线客服的便利性和高效性，用户逐渐习惯并接受了在线客服的服务方式，从而减少了对电话客服的需求。

2）平稳趋势。某些情况下，尽管在线客服的推广可能使电话客服话务量保持相对稳定的趋势，这可能是因为某些用户仍然更喜欢使用电话进行沟通，或者某些特定类型的问题更适合通过电话进行解决。在这种情况下，趋势分量可能呈现平稳或微弱的增长或下降趋势。

3）上升趋势。在线客服的发展也可能使某些情况下的电话客服话务量呈现上升趋势，这可能是由于用户数量的增加、特定事件或促销活动导致的服务需求增加，或者在线客服的质量和可靠性尚未完全满足用户的需求。在这种情况下，趋势分量可能显示出逐渐增长的趋势。

需要注意的是，趋势分量的变化取决于多种因素，如市场发展、技术进步、用户行为变化等。因此，具体情况下趋势分量的分析需要结合实际数据和行业特征进行综合评估。同时，趋势分量的分析也应考虑时间跨度的选择，以确保对长期趋势有更准确的把握。

（2）影响话务量的因素。由图6-1的分解结果可知，广东电网客服中心话务量在2022年呈现下降趋势，随着在线客服的推广和普及，一些情况下的话务量呈现减少的趋势。这是由于在线客服引入了自动化和数字化的解决方案，为用户提供更方便、即时和自助的服务途径，从而减少了对传统电话客服的依赖。可能有以下几个导致话务量减少的因素。

1）自助服务。在线客服提供了丰富的自助服务功能，如常见问题解答、在线帮助文档、知识库等。用户可以通过搜索和浏览这些资源，自行解决问题，无须直接与客服代表进行交互，从而降低对电话客服的需求。

2）实时聊天。在线客服通常提供实时聊天功能，用户可以通过网页或移动应用与客服代表进行即时交流。这种沟通方式更加便捷和高效，用户可以随时随地提出问题并获得快速回复，不需要通过电话进行等待和排队。

3）多渠道支持。在线客服通过多种渠道（如网页、社交媒体、应用程序等）提供支持，用户可以选择最适合自己的渠道进行咨询和反馈。这种多样化的支持方式提高了用户体验，并减少了对电话客服的需求。

4）自动化流程。在线客服利用自动化技术，例如聊天机器人和自动回复系统，可以自动处理一些常见问题和流程，如账户查询、订单跟踪等。这样，用户在与客服代表交互之前，可以通过自动化流程快速解决简单问题，减少了电话客服的压力。

尽管在线客服的推广可能导致一些情况下话务量减少，但在某些情况下，可能仍然需要电话客服来处理并提供人工的支持。此外，行业、地区和用户群体的差异也会影响话务量的趋势。因此，在进行容量规划和资源分配时，仍需要综合考虑在线客服和电话客服的需求，并根据实际情况做出相应的调整。

4. 话务量气温协变量分析

话务量和气温之间的协变量分析可以更好地理解气温变化对话务量的影响，这种分析可以揭示气温与话务量之间的关联性，并帮助了解不同温度条件下的话务量变化特征。为此，本节将最高温、最低温和平均气温进行归一化，归一化后曲线如图6-3所示。

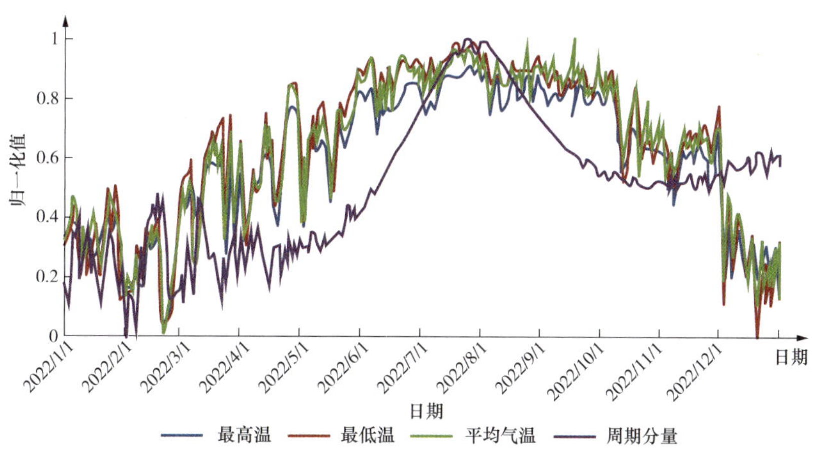

图6-3　归一化后曲线

气温协变量与最高温、最低温和平均气温的走势基本一致，这意味着气温协变量与这些气温指标之间存在一定的关联性，并且变化趋势相似。气温协变量与最高温、最低温和平均气温之间可能存在物理相关性。例如，在炎热的夏季，气温升高可能导致最高温上升，负荷增加容易导致停电等事故发生，间接导致话务的增加。因此，这些指标之间的变化趋势会相似。为进一步探究其关联程度，采用最大信息系数（maximum information coefficient，MIC）来衡量它们之间的关联程度。

MIC是一种用于衡量两个变量之间关联性的非参数方法。它可以用于发现变量之间的非线性关系，并且不需要事先假设数据的分布或形状。最大信息系数的计算基于信息论和熵的概念，其通过在变量的所有可能阈值处计算联合分布的互信息，来度量两个变量之间的相关性。MIC的取值范围为0～1，值越接近1表示两个变量之间的关联性越强，反之越接近0表示两个变量之间关联性较弱或不存在关联。气温关联度分析结果见表6-1

表6-1　气温关联度分析结果

气温	最高温	最低温	平均气温
相关系数	0.795	0.668	0.479

由表6-1可知，最高温与气温协变量之间的关联性最强，其关联系数为0.795。其次是最低温与气温协变量之间的关联性，关联系数为0.668。平均气温与气温协变量之

间的关联性最弱，关联系数为0.479。

夏季最高温对负荷增大和故障增多具有重要影响，从而导致话务量的增加。这是因为高温天气会增加人们的用电需求，尤其是空调的使用量增加，从而导致电网负荷增大。高温天气还可能对电网设备产生额外的压力和负荷，增加故障发生的风险。以上这些因素均会导致客服话务量的增加。

相比之下，冬季最低温在一些地区和场景中可能更加重要。低温天气会增加供暖系统的负荷，特别是对于使用电暖器或其他电热设备的地区。这也可能导致电网负荷的增大和故障的增加，进而影响客服话务量。

平均气温作为一个综合指标，不能很好地反映出夏季最高温和冬季最低温对电网负荷和故障的影响。平均气温是通过计算一段时间内的温度平均值得出的，它无法捕捉到温度的极端情况。因此，在分析电网负荷、故障和话务量时，关注夏季最高温和冬季最低温等极端温度指标会更具实际意义。

综上所述，考虑到电网负荷、故障和话务量的变化，夏季最高温和冬季最低温比平均气温更重要。这些极端温度指标能够更好地反映季节性变化和对电网运行的影响，帮助进行更准确的话务量预测和故障管理。

5. 话务量随机分量分析

由图6-1的周期分解结果可知，随机分量在时序上表现出极差的规律性，这可能意味着存在某些临时事件、突发问题或偶然性的需求变化，会导致话务量出现随机波动。这种规律性极差可能是由以下因素引起的：

（1）临时事件。某些特殊事件或活动可能会导致电网客服话务量的剧烈波动。例如，当有大型活动、天气灾害或紧急事故发生时，用户可能会集中向客服寻求支持和解决问题，从而导致话务量出现明显的增加。

（2）突发问题。突发的故障或问题，如电网设备故障、停电或供电中断，可能会引起用户大量的咨询和投诉，导致话务量快速增加。这些突发问题的处理时间和需求量不可预测，因此随机波动性会显著增加。

（3）偶然性的需求变化。客服话务量的波动也可能由于用户需求的偶然性变化引起。用户的需求和行为往往是不确定和难以预测的。因此，某些时期可能会出现意外的高或低话务量，这是由用户个体行为和偶然性因素决定的。

（4）天气状况。不同的天气状况可以引起用户对电网服务的不同需求和问题，在天气恶劣的情况下，如大雨、暴雨或雪天，可能会出现电网故障、停电等问题，用户可能需要咨询和寻求支持，导致话务量的增加。

（5）风力等级。风力等级的变化可能与电网设备的稳定性和故障发生率相关。较高的风力等级可能导致电线杆、电缆等设备受损或倒塌，引发停电或故障停电。这些情况会促使用户联系客服部门进行报修或咨询，因此可能导致话务量的上升。

（6）停电。停电是话务量变化的一个重要随机因素。当发生非计划停电时，用户可能需要咨询停电原因、预计恢复时间等信息。此外，计划检修停电和故障停电也会引起用户的疑问和需求。这些停电事件会导致话务量的短期增加，需要客服团队提供相关支持，并解答用户的问题。

以上这些随机因素对话务量的影响往往是非常直接和实时的。当出现天气变化、风力增大或停电事件时，用户的需求和问题通常会立即反映在话务量的增加上。

6.2 基于STR分解的日话务量预测模型研究

6.2.1 多模型融合的日话务量预测模型研究

1. 周期分量和趋势分量预测

相比于其他分量，周期分量和趋势分量具有极强的规律性，且在一段时间内，周期分量和趋势分量具有相对稳定性。因此，采用以下步骤进行预测：

1）计算周期分量和趋势分量的上下包络线。

2）结合LSTM预测包络线走势。

3）对近四周的周期分量和趋势分量曲线作*k*-means聚类，提取近期典型周期分量。

4）将聚类结果缩放至上下包络线范围内作为预测结果。

2. 气温协变量和随机分量预测

气温协变量与日最高气温具有较强的协变性、随机分量与停电事件具有较强的关联，故采用加权最小二乘支持向量机（weighted least squares support vector machine，WLS-SVM）对这两个分量进行预测，建立下回归模型

$$A_i = w^{\mathrm{T}}\varphi(x_i) + b \tag{6-24}$$

式中：w、b分别为回归模型的权值向量和常值偏差；(x_i, A_i)为给定训练集数据的输入与输出，其中$x_i = [a_i, A_{i-1}]$；$\varphi(\cdot)$为将输入映射到高维特征空间的非线性函数。

求解优化问题如下

$$\begin{aligned}&\min \frac{1}{2}\|w\|^2 + \frac{c}{2}\sum_{i=1}^{n} v_i \xi_i^2 \\ &\text{s.t. } A_i = w^{\mathrm{T}}\varphi(x_i) + b + \xi_i, i = 1,\cdots,n\end{aligned} \tag{6-25}$$

式中：$c>0$为正则化参数；ξ_i为误差变量；v_i为权重参数，可表示为

$$v_i=\begin{cases}1 & \left|\xi_i/\hat{s}\right|\leqslant J_1\\ \dfrac{J_2-\left|\xi_i/\hat{s}\right|}{J_2-J_1} & J_1\leqslant\left|\xi_i/\hat{s}\right|\leqslant J_2\\ 10^{-4} & \text{otherwise}\end{cases}\tag{6-26}$$

式中：$\hat{s}=1.483MAD(x_i)$；$MAD(\ )$表示取中位数绝对偏差；J_1、J_2为常数，通常分别取2.5、3。

进而求解Lagrange乘子序列

$$L(w,b,\xi,a)=\frac{1}{2}w^2+\frac{c}{2}\sum_{i=1}^{n}v_i\xi_i^2-\sum_{i=1}^{n}\alpha_i\left[w^{\mathrm{T}}\varphi(x_i)+b+\xi_i-y_i\right]\tag{6-27}$$

式中：α_i为拉格朗日权值。

根据KKT（karush-kuhn-tucker）最优条件，求解上述Lagrange乘子序列，具体表示为

$$\begin{bmatrix}0 & \boldsymbol{I}_{1\times n}{}^{\mathrm{T}}\\ \boldsymbol{I}_{1\times n} & \boldsymbol{K}+\boldsymbol{V}\end{bmatrix}\begin{bmatrix}b\\ \alpha\end{bmatrix}=\begin{bmatrix}0\\ y\end{bmatrix}\tag{6-28}$$

式中：$\boldsymbol{I}_{1\times n}=[1,1,\cdots,1]^{\mathrm{T}}$为$n\times 1$维元素全为1的列向量；$\boldsymbol{V}=diag\left\{(cv_1)^{-1},(cv_2)^{-1},\cdots,(cv_n)^{-1}\right\}$；$\boldsymbol{K}$为核函数矩阵，其任一元素值有$K_{i,j}=\varphi(x_i)\cdot\varphi(x_j)=k(x_i,x_j)$，其中$k(a_i,a_j)$为核函数，此处取为

$$k(a_i,a_j)=\exp\left\{-\frac{\left|a_i-a_j\right|^2}{2v^2}\right\}\tag{6-29}$$

式中：v为待选核参数。

WLSSVM的两个待选参数c和v通过粒子群算法进行寻优。

6.2.2 算例分析

此处以广东电网电力客服中心2022年1月1日—2023年1月7日的话务量数据为实例数据集，采样周期为1天；以2022年1月1日—12月31日的话务数据为训练集，2023年1月1—11日的话务数据为测试集；将ARIMA、CNN、LSTM三种方法与本章所提方法进行对比。此算例使用的CNN网络参数为两个卷积层、两个池化层和一个全连接层，两个卷积层的卷积核大小为2×2，卷积核个数分别为8、16个，池化层的池化窗口大小为2×2，步长为2，两个全连接层的神经元个数分别为80和120；LSTM参数为网络层数为3层、隐含层节点数为10个。

（1）话务量特征辨识及分解结果。通过前文所提的特征辨识方法，得出此算例的周期性、气温相关性及停电事件相关性辨识结果，话务量特征辨识结果见表6-2。

表6-2　话务量特征辨识结果

因素	周期性	气温相关性	停电事件相关性
相关系数	0.7654	0.6126	0.7932

由表6-2可知，本算例话务数据具有平稳的周期性，与停电事件相关性较强，与气温相关性也具有一定相关性。根据辨识结果，其分解得到四个分量，各分量预测结果如图6-4所示。

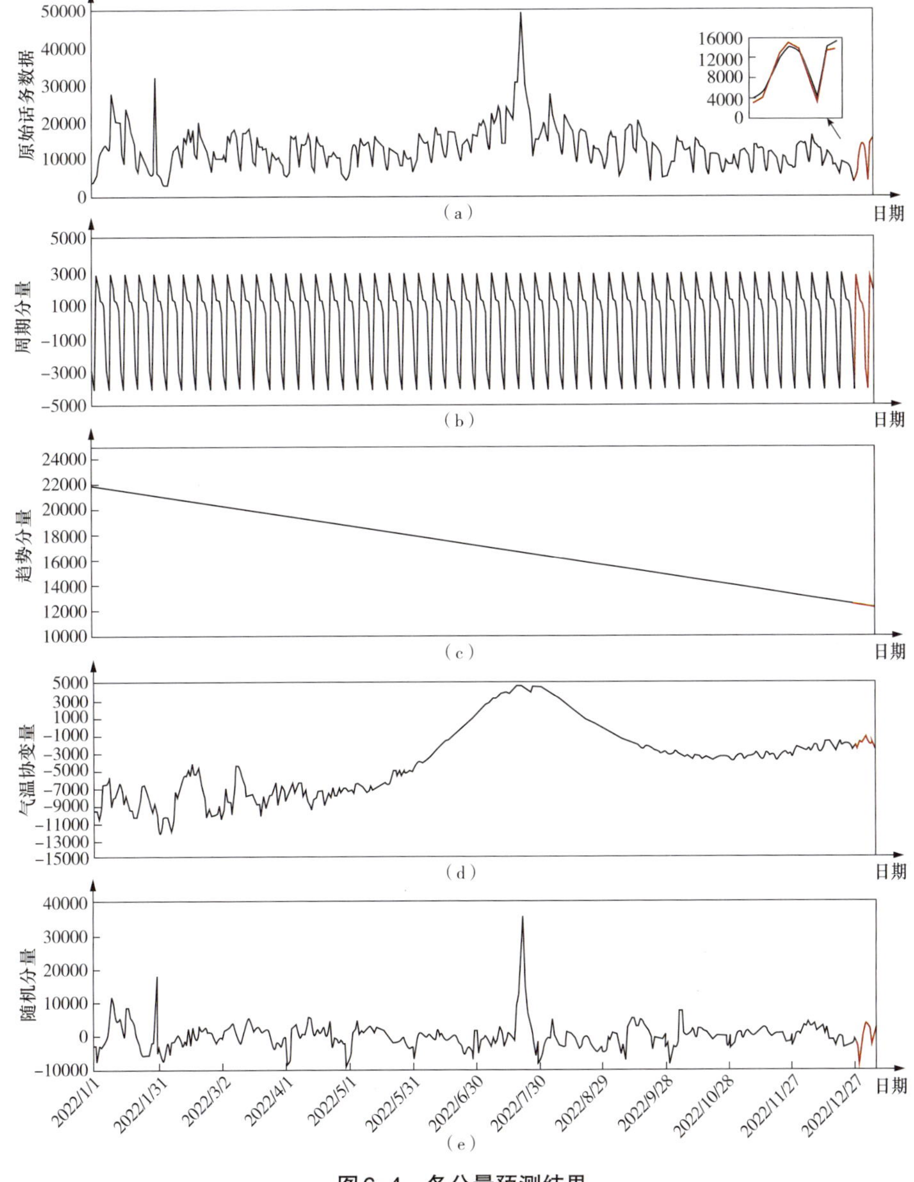

图6-4　各分量预测结果

（a）原始话务数据；（b）周期分量；（c）趋势分量；（d）气温协变量；（e）随机分量

由图6-4可知，话务量趋势分量呈现下降趋势，这是由于随着智能语音客服的上线，人工客服话务量逐渐呈减少趋势；气温协变量大致为“钟形”曲线，反映了气温变化对话务量的长期影响走势。综上，STR分解所得分量均具有现实物理意义，能够反映话务量变化的实际规律。

（2）预测结果分析。为评价本章方法预测结果的精度，采用标准化绝对平均误差（normalized mean absolute error，NMAE）和标准化相对平均误差（normalized mean absolute percentage error，NMAPE）两项指标对预测结果与实际数据值进行误差估计，计算本章所提方法预测误差，日话务量预测结果对比结果见表6-3。

表6-3 日话务量预测结果对比结果

模型	NMAE（%）	NMAPE（%）
ARIMA	42.12	45.26
CNN	29.64	31.63
LSTM	22.89	25.75
本章方法（未清洗数据）	19.52	19.47
本章方法	16.52	17.47

由表6-3可知，本章所提预测模型的标准化绝对平均误差NMAE和标准化相对平均误差MAPE均比其他3种预测模型小，即本章所提预测模型相比其他预测模型有更好的预测精度。此外，如果在进行时间序列预测之前没有清洗异常数据，那么预测的准确率可能会受到影响，异常数据的存在将导致模型对于正常数据的拟合效果较差，从而降低预测的准确性。清洗异常数据后，再进行时间序列预测时，模型的准确率通常会有所提高。异常数据的存在可能会导致模型过度拟合或欠拟合，从而影响预测结果的准确性。通过清洗异常数据，可以减少这种干扰，使模型更好地捕捉数据的规律和趋势，从而提高预测的准确性。

6.3 小结

本章提出了基于STR分解的话务量预测模型，首先对话务量进行特征辨识，包括周期性、气温相关性及突发事件影响；然后构建历史话务量曲线STR分解模型，根据话务量特征辨识结果，将话务量数据分为趋势分量、突变分量和周期分量；最后对不同分量进行分析，根据不同分量的特点，采用不同方法进行预测；结果表明本章所提预测模型的标准化平均绝对误差和标准化平均相对误差均比传统预测模型小。

7 客服人员座席标签制定研究

近年来，随着数据库技术和信息处理技术的快速发展，越来越多的企业拥有了自己的数据库管理系统，积累了大量与生产经营相关的数据。如何充分利用这些历史数据来发掘对企业发展有用的知识，并以此制订相应的战略决策，直接关系着企业的发展前景。客户需求是企业发展的动力，也为企业的产品开发、销售和服务指明了方向，因此，所指定的客服人员标签能否满足客户需求成为企业数据分析的重中之重。

客服调度方法在与数据分析技术融合的改革阶段，客服人员座席标签是排班调度系统中重要的一环，因此确定一种适用于当下应用背景的座席标签制定方法对客服中心排班优化系统具有重要意义。为满足日渐复杂多样化的电网用户需求、提高服务满意度，座席人员标签的制定应具备技能数据详细、调度过程高效便捷的特点，为此本章研究内容包括分析用户需求类别与话务类别数据分布特征；构建基于服务时长的座席技能评定模型，根据人员对指向技能的业务能力匹配话务；建立涵盖技能需求种类与服务技能水平的座席标签，用于指导调度系统高效运行。

7.1 用户需求类别与话务类别特征分析

在多数大型企业所推行的服务业务种类中，数量细致划分可达上百种，其中客户广泛使用的服务种类也有十余种，当客户话务来访时，根据来电诉求也可将所有话务量分为10类。若同时考虑“用户需求+话务诉求”的类别，得到的业务类型的排列组合规模巨大，以致调度过程中不利于制定高效便捷的座席标签。因此，需要针对用户需求类别和话务类别的分布特征，精简匹配用户需求与话务类别的座席技能种类。

以下以广东电网客户服务中心为例，选取2021—2022年的话务数据，对各类用户需求、话务进行分析。针对客户需求类别，现有客户频繁使用的服务种类存在16种需求大类，包括用电变更、用电报装、电费服务等基础服务类别，同时也涵盖分布式光伏发电、智慧用电、电气厨房等增值服务类别，用户需求类别分布如图7-1所示。当前聚类结果能够表征用能客户大部分需求类别，并且种类数量已明显得到提炼，但用于座席技能种类依然存在冗余性。

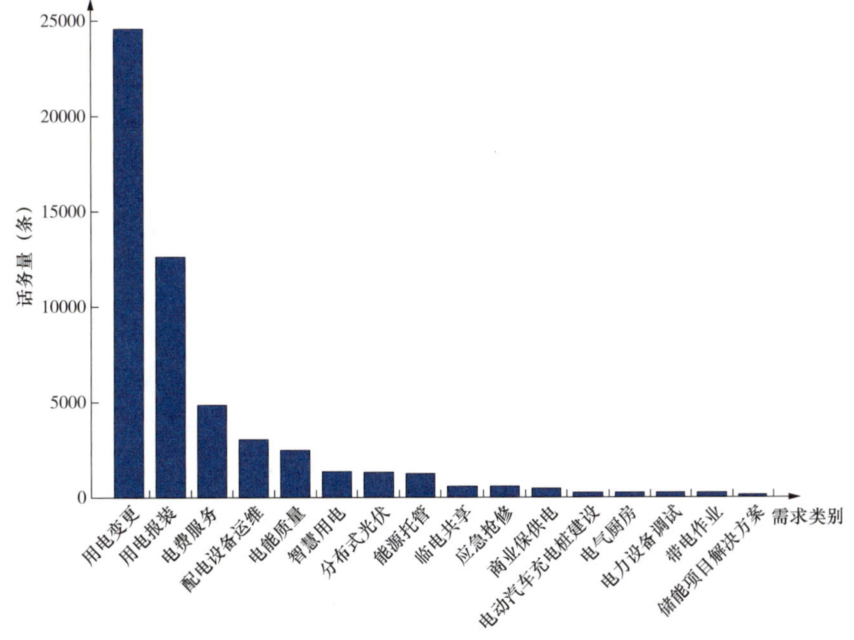

图7-1 用户需求类别分布

此案例共统计54200条来电话务的需求标签，其中出现最多的需求类别为用电变更，出现24575条，数量占整体的45%；其次为用电报装，有12630条，约为用电变更数量的一半，占比为23%；其他出现次数较多的需求类别为电费服务、配电设备运维和电能质量，分别为4860、3039、2472条；剩余需求种类相比以上5类需求，例如带电作业、电气厨房、储能项目解决方案等需求类别数量极少，不利于单独安排座席人员开设此类服务窗口。故技能聚类前用户需求类别呈密度峰谷分布，即几种需求数量极高（峰值），剩余多种需求类别数量极低（谷值）。

仅依靠话务类型的预测量安排对应技能座席的人次，会使排班调度压力增大，故考虑除话务分类型预测方法之外，即在客户电话呼入中心时，引入语音沟通与拨号反馈立即传输所需处理的话务类别序号，话务类别序号表示可表示为

$$C_i = k(k = 0,1,2,\cdots,9) \tag{7-1}$$

式中：C_i为类别序号；k为用户输入拨号。

针对来电话务类别，当前客服中心后台将全体话务分为10种，统计54200条话务的业务种类，得出各类话务编号及其数量分布，各类话务编号及其数量分布见表7-1。

表7-1 各类话务编号及其数量分布

话务类别	表扬	故障报修	建议	举报	投诉	意见	用电业务	咨询查询	节能服务	其他
占比（%）	0.01	10.67	0.02	0.04	0.26	4.08	6.28	77.63	0.01	1.02

根据话务数量占比数据可知，在该10类话务当中，咨询查询服务的占比最高，为77.63%；表扬、建议、举报、投诉、节能服务和其他类别占比都非常小，最高只有1%左右，此6种类别共占1.36%，占比依然不大；除此之外，故障报修、用电业务这两类话务类型占比分别为10.67%、6.28%，占比适中。由此可见，该10类话务当中占比分布不均匀，最大的一项占比近80%，而最小的存在两项，均为0.01%，峰谷差可达77.62%。

基于以上分布特征分析结果，若将所有座席服务类别用于构建座席标签，势必造成大部分标签访问率极低，不具备实用有效性且会造成人力资源浪费，仅有一至两项技能标签频繁调度使用，造成排班与人力资源紧张的问题。因此，在制定匹配用户需求与话务类别的座席技能标签时，为方便排班调度同时减少人力资源浪费，只针对性研究客户访问频率高的服务类别，将该服务类别当作座席技能种类，而分布占比较低的服务类别可并入分布占比较高的服务类别中，或根据专家意见与工程实际进行技能类别调整。

7.2 基于服务时间尺度的客服技能水平评定方法

7.2.1 技能水平评定标准

目前针对客服中心座席人员的技能评分标准，可分为多因素评价标准与单因素评价标准。

1. 多因素评价标准

现实生产应用中有许多需要进行综合评价的场景，例如建筑物建造质量评价、教师教学质量评价、高校教学水平评价等，因此多采用多因素评价标准。这些需要综合评价的应用场景都有一些共同特征，即评价过程存在的随机性、评价主体差异带来的多样性和评价指标多且具有模糊性等，一般而言这类应用场景适合采用模糊数学综合评价方法对各类因素进行打分评价。模糊数学综合评价以模糊数学为基础，将原本一些差异不明显或者不易定量化的因素定量化，然后再进行综合评价，下面介绍其评价步骤。

（1）确定评价因素集。详细分析评价对象数据，抽取影响评价结果的关系，形成评价因素集合。如影响某评价目标的主要因素有n个，记为评价因素集$U=\{U_1,U_2,\cdots,U_n\}$。

（2）确定因素评价集。设定评价因素集中每个因素所能选取的评审等级，组成评价的评价集合。各个因素的评价级别由好到差等级不宜过多或过少，过少会夸大隶属度程度，过多则难以区分。为了保证隶属度的客观性，以及减少区分语义的难度，评价集合可分为4级，如"好，较好，一般，差"。

（3）确定因素权重集合。为评价因素集的每个单一因素，并确定其对评价集合各等级的归属程度，即确定因素权重集合。各因素对评价对象的影响是不一致的，因此必须确定各因素的权重。因素的权重分配集是U上的模糊集合，记为因素权重集$A=(a_1,a_2,\cdots,a_n)$，其中a_i表示第i个因素U_i的权重，必须满足归一化条件$\sum_1^n a_i=1$。

（4）模糊评价矩阵。根据各个评价因素在评价目标中的权重分配，根据因素权重集合，求出评价结果的定量解值。如计算指标U_i的评价时，根据各指标的评价矩阵$\boldsymbol{R}_i$与其权重分配集A_i，通过矩阵计算$B_i=A_i\times R_i$可得到指标U_i的综合评价结果集。最后对评价因素集的每个因素得到评价结果矩阵$\boldsymbol{B}=(b_1,b_2,\cdots,b_n)$，归一化为$\overline{\boldsymbol{B}}=(J_1,J_2,,J_n)$，其中$J_i=b_i/\sum_1^n b_i$。根据权重集$A$，计算评价结果$V=A\times\overline{\boldsymbol{B}}$，即可得到综合评价结果集。

在构造评价指标模型方面，当评价指标多且可能单个指标还要细分为多个子指标时，可考虑采用层次分析法，将定量分析与定性分析相结合，为复杂的指标体系提供简便的模型，从而得到可信的模糊评价矩阵。

2. 单因素评价标准

虽然多因素评价标准所考虑的座席服务参数较单因素评价标准更加全面，但在权重分配过程中，无论是利用专家评价还是工程实例积累，得到的座席技能评分都存在极大的主观性与随机性，而单因素评价虽然在考量指标的全面性上有所欠缺，但其能够更加客观地根据某一服务参数体现座席技能水平高低，因此选择单因素评价标准对客服座席技能进行评定。而在呼叫中心单因素评价标准中，以下3类使用较为广泛。

（1）问卷回访。在客服座席服务完成后，使用用户对本次服务质量的打分（或评价等级，如优、良、中、差）作为座席技能水平评定标准。问卷回访的优点是能够直接体现用户对该座席人员该项技能的评价，利于满足客户需求与客户满意度，但问卷回访完成率低，存在缺少足够问卷样本进行评定的问题，并且不管是电话回访，还是发问卷形式做用户测试，都是一个主观的过程，会产生部分对调研目标无用的调研样本，可能会得到误导性意见，所以在问卷数据使用之前，需要进行有效的预处理从而筛掉无用回访信息，这一过程增加了技能评定的难度与工作量，故问卷回访在电网客服的工程实际中开展受限。

（2）培训分值。将客服人员在接受服务技能培训期间，通过导师评价、答卷分数等形式所得的分数列入座席技能评定标准。该方法能够在一定程度上反映该座席人员的综合服务技能素养，但培训分值与实践工作表现存在差异，培训更能反映理论能力，对真实服务情景的参考价值不大，并且培训分值具有时段有效性，难以保证该座席人员在较长时间内的服务水准，若加大培训打分频率，则会出现加重服务人员班后工作量，可能占用休息时间的情况，令员工积极性下降，并且频繁获得的培训分数不佳会致使座席人员工作信心受损，不利于对用户的服务。

（3）服务时间。参考过去一段工作时间内，该座席人员对该项技能话务的处理时长平均值，对全体人员同一技能种类的水平进行评定。该方法能够通过后台记录服务时长的更新而自适应变更水平的高低，解决了评价结果有效期限的问题，并且服务时间的采集及保存与问卷回访形式相比，更加容易实施，保证技能评定工作的开展；针对同一技能种类，除去来电客户需求多样性与工程需求复杂性等随机因素影响服务时长，座席服务时间能够切实反映该座席人员该项技能的水平。

评定标准对比见表7-2。

表7-2 评定标准对比

评定标准	样本数量	评定工作量	业务水平关联性
问卷回访	用户回访样本少	小	能够反映客户满意度
培训分值	多	频率高、工作量大	具有短期有效性
服务时间	实时收集大量样本	后台智能处理	强

综上，客服技能使用服务时间这一参数进行评定，基本满足电网客服中心实用工程需求，能够解决评价样本缺乏、评价结果时效性低等问题，故基于服务时间对座席技能评定模型进行构建。

7.2.2 基于四分位法与拉格朗日插值法的服务时长数据清洗

在建立以服务时长为标准的评定模型之前，需要对客服中心服务记录中的时长样本进行提取分析。虽然各技能类别的服务时长相较话务量分布更加规律，但影响服务时长的客观因素很少并且对其作用不大，此外还存在诸如需求情景极度复杂、客户反映需求不流畅或是刻意刁难等特殊情况，从而使某一条话务的服务时长与同技能其他话务相比明显增加，此类样本难以反映座席人员实际业务水平，需要在使用之前进行清洗。

鉴于服务时长数据的异常情景极少出现，并且基本与用户及用户需求等不可控因素相关，因此清洗精确要求不高，故在数据清洗时使用算法简便快捷的四分位法与拉格朗日插值法。

1. 四分位法发现异常数据

在获取的服务时长数据中，可能存在一些异常数据，这些异常数据可能对数据分析算法产生不良影响，造成分析结果产生偏差。因此，在数据预处理阶段的数据清洗，是整个数据挖掘与分析过程中不可缺少的一个环节，其结果直接关系着模型效果和最终结果。

四分位法是统计学的一种分析方法，其具体的计算过程如下：

（1）将1个排列好顺序的数据样本平均分为4部分，得到处于各等分位置的3个数据点Q_1、Q_2、Q_3。

（2）将一组数据按照升序排列，得到排序后的数据样本$X=\{x_1,x_2,\cdots,x_n\}$。

（3）计算中位数Q_2，具体如下

$$Q_2=\begin{cases} x_{\frac{n+1}{2}} & n=2k+1(k=0,1,2,\cdots) \\ x_{\frac{n}{2}}+x_{\frac{n+1}{2}} & n=2k(k=1,2,3,\cdots) \end{cases} \tag{7-2}$$

（4）计算下四分位数 Q_1 和上四分位数 Q_3。

1）当 n 为偶数时，中位数 Q_2 将原数据分成2部分，Q_2 不包含在其中。按照式（7-2）分别计算这两部分的中位数，即为 Q_1 和 Q_3，其中 $Q_1 < Q_3$。

2）当 $n = 4k+3(k = 0,1,2,\cdots)$ 时，则有

$$\begin{cases} Q_1 = 0.75x_{k+1} + 0.25x_{k+2} \\ Q_3 = 0.25x_{3k+2} + 0.75x_{3k+3} \end{cases} \tag{7-3}$$

3）当 $n = 4k+1(k = 0,1,2,\cdots)$ 时，则有

$$\begin{cases} Q_1 = 0.25x_k + 0.75x_{k+1} \\ Q_3 = 0.75x_{3k+1} + 0.25x_{3k+2} \end{cases} \tag{7-4}$$

（5）计算四分位距离，其可表示为

$$I_{QR} = Q_3 - Q_1 \tag{7-5}$$

（6）根据四分位距离确定异常数据的内限区间，具体如下

$$[F_1, F_u] = [Q_1 - \lambda I_{QR}, Q_3 + \lambda I_{QR}] \tag{7-6}$$

式中：λ 为可调整的边界系数，通常取1.5，考虑通话时长受客户需求差异的影响大，时长分布极差本身很大，故此处 λ 取2。

内限区间即为正常数据范围，处于内限区间以外的数据为异常数据。

2. 拉格朗日插值填补数据

处理缺失值数据时，采用删除记录的方法、数据插补方法、替换法或不进行额外处理的方式。删除记录的方法通过删除包含缺失值的记录来完成，是简单的处理方法，但这种方法有较大的局限性，是以减少历史数据来换取数据的完备性，丢弃了大量隐藏在记录表中的信息，尤其在数据本身记录不多的情况下，删除记录也许会对后续算法造成影响，以致影响算法的客观性和正确性。因此，删除数据的方法适合应用在数据量大，且缺失值记录占比较少的情况，且记录间不存在关联性。删除记录不影响整体算法时，可对小部分数据删除处理。有些异常数据可能蕴藏着有用的信息，这些异常值可不做处理，而在具有异常值的数据集上进行挖掘建模。有些异常数据或缺失的数据不能删除时使用插补法。

由于座席服务时长的异常数据相对较少，且基本只受外界不可控的影响，因而对异常值或缺失值采用拉格朗日插值法进行补全。拉格朗日插值法的基本思想是给出一个恰好穿过二维平面上几个已知点的多项式，利用最小次数的多项式来构建一条光滑曲线，使曲线通过所有已知点。对于平面中的 n 个已知点（一条直线上无两点），可以找到一个 n−1次多项式，表示为

$$y = \sum_{i=0}^{n-1} a_i x^{n-1} \tag{7-7}$$

则拉格朗日插值多项式为

$$L(x)=\sum_{i=0}^{n} y_i \prod_{j=0, j\neq i}^{n} \frac{x-x_j}{x_i-x_j} \tag{7-8}$$

式中：$L(x)$ 为需要填补的数据；x 为正常样本数据。

以某公司业务技能 A 的100单服务时长数据为例进行分析，整理相关数据并绘制清洗前后的散点图。数据清洗前各单服务时长、数据清洗后各单服务时长如图7-2、图7-3所示。

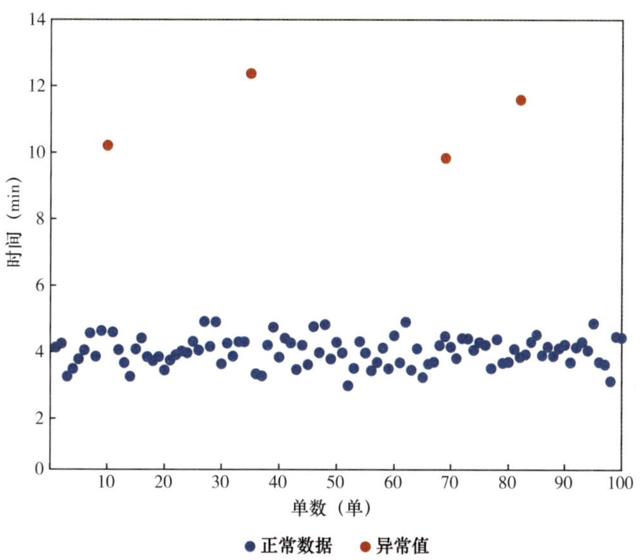

图7-2 数据清洗前各单服务时长

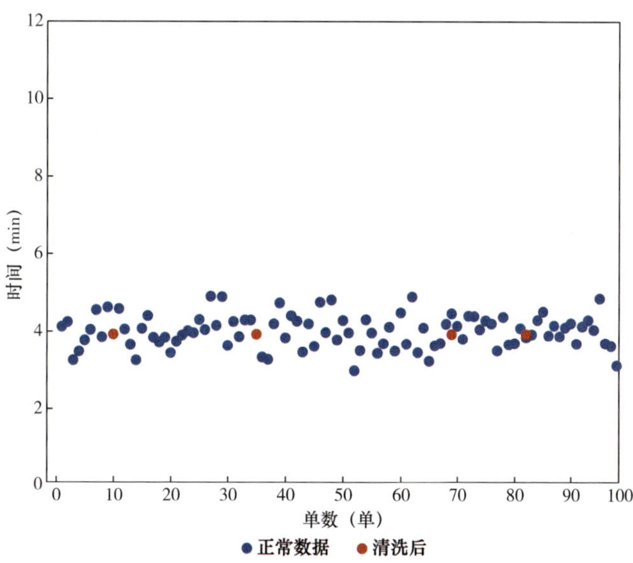

图7-3 数据清洗后各单服务时长

由数据清洗前后服务时间散点图可知，异常数据能够根据四分位法直接识别出来，并利用正常数据均值将对应数据进行填补修正，最后即可获得用于客服技能评定的样本数据。

7.2.3 基于服务时间尺度的技能评定模型

本节将客服座席人员服务时间作为尺度标准，构建客服座席技能评定模型。根据客服人员的业务处理时长，确定每一客服人员的业务能力评分，充分挖掘座席人员技能水平多样性，同时也有利于客服中心针对不同需求类型的用户适应性匹配处理需求的技能座席。技能评定流程如图7-4所示。

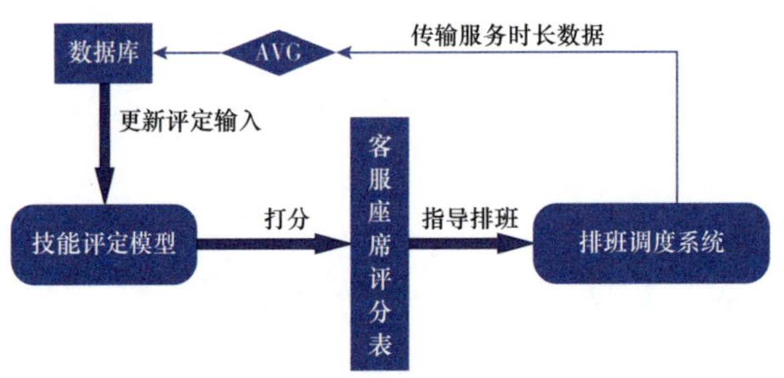

图7-4　技能评定流程

由图7-4可知，首先提取排班调度系统中每位座席人员针对某项技能的服务时长，然后再求取对应人员及对应技能的时长平均值，将各项均值存储至数据库中。基于服务时长平均值对座席技能水平进行评定，通过评定模型得到人员技能评分表，最后依照该表格分数指导排班，即当适用于某类技能的话务需求呼入时，按照当下空闲人员中该项技能评分由高到低进行调度匹配，在完成服务后将会记录新的传输服务时长并存储在数据库中，以保证评价模型的时效性。从效果上看，该方法充分考虑了客户需求和客服业务水平的匹配情况，得到的最优排班方案不仅能够保证话务服务的质量，还能有效降低人力成本。

评定模型包括获取客服人员的各项业务的历史业务处理时长，根据历史业务处理时长对客服人员的业务能力进行评分，得到每一客服人员的业务能力评分。具体步骤如下：

（1）导出客服中心所有客服预设时间段处理各项业务的平均处理时间，对平均处理时间从短到长进行排序；在评定模型中，可以从大数据云台中导出客服中心所有客服前5天处理各项业务的平均处理时间，并按照从短到长进行排序。

（2）根据排序结果，对客服人员的业务能力进行评分，得到每一客服人员的业务能力评分。在该模型中，根据排序结果对客服人员的业务能力进行评分，设置平均处理时间越短，对应的得分越高。

实际使用过程中，在得到每一客服人员的业务能力评分之后，还可以将这些业务能力评分存于业务能力矩阵中，具体可以为

$$\boldsymbol{S}_n = [s_{n,1}, \cdots, s_{n,m}, \cdots, s_{n,M}] \tag{7-9}$$

式中：$\boldsymbol{S}_n$ 为业务能力矩阵；$s_{n,m}$ 为客服人员 n 在业务 m 上的得分。

由于客户需求的差异性，客户呼入的话务类型有所不同，而客服中心的客服人员通常擅长的业务领域也存在差异。为了提高服务效率，让相关业务熟悉的客服服务对应客户，将客户需求和座席人员技能进行匹配。为了衡量客服人员各项技能的熟练程度，通过以下业务技能水平评估公式对业务能力水平进行评估，其可表示为

$$s_{n,m} = \begin{cases} 100 & 0\% < p_{n,m} \leqslant 20\% \\ 80 & 20\% < p_{n,m} \leqslant 40\% \\ 60 & 40\% < p_{n,m} \leqslant 60\% \\ 40 & 60\% < p_{n,m} \leqslant 80\% \\ 20 & 80\% < p_{n,m} \leqslant 100\% \end{cases} \tag{7-10}$$

式中：$p_{n,m}$ 是客服人员 n 在业务 m 上平均处理时长的排序结果，计算方式如下

$$p_{n,m} = \frac{r_{n,m}}{N_m} \times 100\% \tag{7-11}$$

式中：$r_{n,m}$ 为客服人员 n 处理业务 m 的历史平均处理时长排名；N_m 为参与业务 m 技能水平排名的总人数。

技能评定模型物理含义为对同一技能种类，将数据库中全体参与评定的客服座席人员的服务时长平均值进行由短到长排序，前20%的人员判定该项技能分数为100分，后续以20%为公差，依次评定分数为80、60、40、20分的人员。其中评定为60分以下的座席人员，该项技能为不合格水平，将会对服务质量与用户满意度产生不佳影响。

7.2.4 技能匹配调度方法

在客服中心调度来电时，考虑到不同座席人员对不同技能种类的熟悉程度（评分高低）不同，座席人员在服务中所用时间也存在差异，客服中心在调度解决等量话务过程中，所用时间越短其工作效率也会越高，并且来自高技能座席人员的服务，也会令用户服务满意度有所提升，故使用根据技能水平高低进行匹配话务的方式进行服务调度。

在客户电话呼入中心时，依照该项技能评分的高低顺序，由高至低对空闲座席人员进行匹配，因技能评定本身是以服务时长为标准输出，故此技能匹配调度方法能够有效减短客服中心人次投入，从而达到减少经济投入、提高工作效率等优化目标。具

体调度方法步骤如下：

（1）首先建立本时段座席人员实时工作状态矩阵$\boldsymbol{W}$，子元素w_n为座席人员n的工作状态，其中各元素只在0和1中取值，1代表人员当下处于占线状态，0代表当下处于空闲状态，同时在时段开始阶段将所有元素初始化置0，即座席人员出勤且话务还未接入时，所有人员均认为处在空闲状态，实时工作状态矩阵$\boldsymbol{W}$可表示为

$$\begin{cases}\boldsymbol{W}=[w_1,w_2,\cdots,w_n]\\ \boldsymbol{W}^0=0\end{cases} \tag{7-12}$$

（2）建立客户信息矩阵$\boldsymbol{E}$，记录需求技能类型$\boldsymbol{E}_{\mathrm{d}}$、用户排队时间$\boldsymbol{E}_{\mathrm{qt}}$和服务时间$\boldsymbol{E}_{\mathrm{st}}$，该三类参数能够作为后续评定用户满意度、评判服务调度模型效率等的数据基础，另外需求技能类型与服务时间可存储至数据库用于更新座席人员技能评分，客户信息矩阵$\boldsymbol{E}$可表示为

$$\boldsymbol{E}=\begin{bmatrix}\boldsymbol{E}_{\mathrm{d}}\\ \boldsymbol{E}_{\mathrm{qt}}\\ \boldsymbol{E}_{\mathrm{st}}\end{bmatrix} \tag{7-13}$$

（3）根据识别到的需求技能种类，与该技能水平评定表中按得分由高至低与空线座席人员进行匹配服务，若成功与座席完成匹配，则记录用户排队时间并开始记录话务服务时长，同时对应座席人员工作状态置1，具体为

$$\begin{cases}\boldsymbol{E}_{\mathrm{qt}}=\boldsymbol{E}^{(i)}{}_{\mathrm{qt}}\\ \boldsymbol{E}_{\mathrm{st}}=0\\ w_k=1\end{cases} \tag{7-14}$$

式中：$\boldsymbol{E}^{(i)}{}_{\mathrm{qt}}$为第$i$时刻用户的排队时间；$w_k$为所匹配的$k$号座席工作状态。

（4）若因人员皆为占线状态而未能成功匹配，则需等待30s后进行下一次匹配申请，此时随即将等待时长更新，$\boldsymbol{E}_{\mathrm{qti}}$记录用户$i$的排队时间，具体表示为

$$\boldsymbol{E}_{\mathrm{qti}}=\boldsymbol{E}_{\mathrm{qti}}+1 \qquad \text{if} \quad \sum w_i=n \tag{7-15}$$

7.2.5 技能评定与匹配结果分析

选取广东电网客服中心35名座席人员及其服务时长数据进行评定模拟，考虑技能种类数目繁多，模拟选取4种业务技能类别A、B、C、D进行评定。在评定结果呈现上，直接使用计算机后台分数容易出现匹配低分数的用户直观体验不佳，并且对技能不合格的座席人员产生消极心理情绪，故在评分结果呈现上改为星级评分，从而弱化直观分数给用户及人员的不良反应，加强技能水平高低的直观视觉体现，评分星级对照表见表7-3。

表7-3　评分星级对照表

系统评分	星级评分
100	* * * * *
80	* * * *
60	* * *
40	* *
20	*

模型选取5天内各座席人员对该4类技能种类的服务时间进行评定模拟，得到此35位座席技能水平，35位座席样本评分表见表7-4。

表7-4　35位座席样本评分表

客服人员编号	业务类型				客服人员编号	业务类型			
	A	B	C	D		A	B	C	D
1	100	100	80	80	19	60	80	80	60
2	100	80	60	60	20	60	60	100	80
3	80	60	60	60	21	80	80	80	100
4	60	80	60	60	22	60	60	60	100
5	60	100	100	60	23	100	60	100	100
6	60	80	60	60	24	60	60	80	80
7	100	60	100	80	25	100	100	60	100
8	80	60	80	60	26	60	60	100	80
9	60	80	60	80	27	60	80	60	60
10	80	80	80	100	28	60	60	60	60
11	100	100	60	60	29	80	80	80	100
12	80	60	60	60	30	100	80	100	80
13	80	80	60	100	31	100	80	100	80
14	60	100	60	100	32	60	100	80	100
15	80	100	60	80	33	100	80	100	100
16	80	60	60	60	34	60	80	80	80
17	60	80	80	60	35	60	100	60	60
18	100	80	80	80					

根据评定模型设置，服务用时最少的前20%名人员获得最高100分的评分，其他分数也各占总人数的20%，故在35人的座席样本中，各分数段的服务人员都有10人，并且从表7-4可见，该技能评定模型能够依据数据库输入有效导出各人员于各技能种类的水平。

接着，模拟2000单话务呼入客服中心，依据呼入话务的匹配方法，对模拟过程中来电用户匹配的座席技能A水平高低情况进行分析，列举各档技能水平匹配到的话务数量及其占全部话务数量的比例，人员技能评分及匹配话务单量分布见表7-5。

表7-5 人员技能评分及匹配话务单量分布

匹配座席人员业务能力得分	话务量（单）	占比（%）
100	1231	61.55
80	543	27.15
60	198	9.90
40	19	0.95
20	9	0.45

由表7-5可知，与100分座席人员匹配的话务量为1231单，比例为61.55%，数量最多并且超过半数；匹配到80分与60分座席的单量分别为543与198，分别占总话务量的27.15%、9.9%，故匹配到技能水平合格的话务量总计1972单，基本涵盖全部话务量；最后由于话务密度大、高分人员占线等原因，匹配到技能水平较低的座席只占1.4%。综上，设计的技能水平评定模型与技能匹配方法在工程上能够有效作用。

7.3 形成涵盖“类别+水平”的座席标签

基于座席技能聚类结果和座席技能评定模型进行研究，将服务人员多项技能类别、相应技能分数形成对应的座席标签，以应对现代供电服务体系下数量繁多且种类多样的电网用户需求，按照评分由高至低顺序将得分前三的技能种类加入标签中，并附带评分。此时针对同一座席的技能标签不唯一，例如座席同时擅长电费服务咨询查询、充电桩咨询查询和应急抢修故障等，此时可利用多标签分类方法进行构建。

给定一个样本空间$X \in R, x_i \in X$是维度d的特征向量；标签空间$Y = \{y_1, y_2, \cdots, y_q\}$，其表示标签集合中的各个标签，$q$表示标签空间的大小。当标签$j$和样例$x_i$相关时，$y_j$等于1；当标签$j$和样例$x_i$不相关时，$y_j$等于0。多标签分类任务的最终目的是学习一个分类器$h(X)$，该分类器是预测样本$P$的预测结果$h(P) \in Y$。因此，对于每个样例$x_i \in X$，都能产生标签空间$Y$的二分集合$(Y_i, \overline{Y}_i)$，其中$Y_i$表示相关标签的集合，$\overline{Y}_i$表示不相关标签的集合。

大多数情况下，多标签分类模型对应一个实值函数f：$X \times Y \rightarrow \mathbb{R}$，其中$f(x, y)$表示$y \in Y$是$x$的正确标签的置信度。该实值函数也可以转换为一个排名函数rank $f(x. y)$，它将输出映射至$[1,q]$的空间中，排名越靠前代表该标签评分越高，即如果$f(x_i, y_1) > f(x_i, y_2)$，那么rank $f(x_i, y_1) <$ rank $f(x_i, y_2)$。多标签分类的流程如图7-5所示，包括数据预处理、特征工程、多标签分类模型训练和性能评估4个阶段。原始数据集中往往包含许多噪声数据，如停用词、数据缺失和拼写错误等。这些噪声和不必要的特征在一定程度上会影响模型的性能，因此需要对数据进行预处理操作。特征工程是分类任务中最重要的部分，包含特征表示和特征选取两大步骤。典型的特征表示方法有one-hot、Word2Vec等，典型的特征选取方法有TF-IDF、期望交叉熵等。不同性能的多标签分类算法对分类的结果有着直接影响，可以将其分为传统的多标签分类算法和基于深度学习的多标签分类算法。在最终的性能评估环节中，将符合预期的模型保留下来即可得到最佳分类模型。

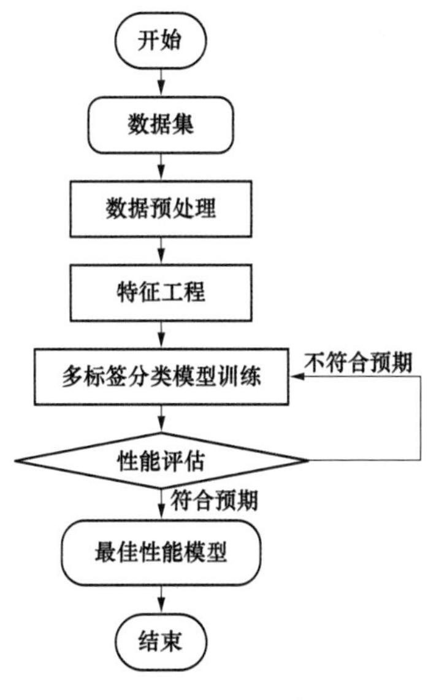

图7-5 多标签分类流程

座席标签除去各技能种类与对应技能评分之外，还包括该座席人员当日累计工作时长、处理话务量和工作状态，用于详细记录座席人员近期工作表现力。根据本章研究，整理广东电网客服中心某人员于2022年某月处理的工单数据并进行分析，导出其座席标签，样本座席标签如图7-6所示。

坐席编号	电费服务咨询查询	充电桩咨询查询	应急抢修故障报修
坐席a	*****	****	****
当日已工作时长(h)		已处理话务/单	工作状态（0/1）
5		98	0

图7-6　样本座席标签

7.4　本章小结

本章针对现代供电服务体系下用户需求与电网公司服务种类不断增加的工程情景，首先，对电网用户需求类别与话务种类分布进行分析，座席服务类别繁多且各技能使用频率差距较大，座席标签只针对客户需求较大的服务类别制定；其次，确定客服座席技能评定标准，利用四分位法与拉格朗日插值法对异常话务时长数据进行清洗，并建立基于服务时长为尺度的客服技能评定模型，对座席人员的各项技能进行打分；然后，基于座席人员技能评分顺序，对呼入话务与座席之间的匹配方法展开研究，即在识别话务所需技能类别后，优先匹配对应技能评分高的座席人员进行服务，并记录服务时长用以更新技能评分数据库；最后，根据多标签分类方法，结合技能种类与座席评分模型，形成涵盖“类别+水平”的座席标签。本章内容能够帮助指导服务调度，不仅有利于提升服务质量与客户满意度，而且也有助于服务调度效率的提高。

“需求+数字”双驱动服务调度模型研究

目前常被使用的服务调度方法仅以业务需求驱动模式为主，只能被动服务客户，缺乏有效先进的技术手段支撑“需求+数字”双驱动的主动服务调度工作模式。为此，本章开展基于知识驱动的服务调度优化模型研究。依据前文研究结论，针对客户需求的多元多变，研究历史客户消费数据和用户行为的知识关联性，得到基于知识驱动的企业全量用户用能服务需求预测模型；针对话务服务的人力资源利用不合理，研究话务量影响因子数据的非平稳性和时间尺度差异性特征，采用模态分解方法对话务量影响因子数据进行局部特征提取，构建了同时考虑传统业务与增值服务的话务量分类预测模型。依据以上两点，研究客户服务需求和话务量的跨领域知识融合方法，建立客户服务“需求+数字”双驱动的服务调度模型，为用户提供主动服务。

本章在模型有效性验证过程中，以供电服务调度体系为例，使用广东省客服中心相关数据构建仿真实例。本章主要内容包括：

（1）选择话务量规模与疲劳度指标，安排时段内客服座席人次，并使用主观层次分析法与客观熵权法计算指标权重。

（2）话务高峰时期，建立考虑应急需求的三段式后备人员规划模型，调用旁岗人员、闲岗人员进行服务调度，缓解话务压力；话务空闲时期，构建考虑繁忙度的业务推送模型，安排部分座席人员向潜在用户主动推送增值服务业务。

（3）构建“需求+数字”双驱动服务调度模型，以服务时长为主要因素建立目标函数并做相关约束，根据目标函数最优值收敛效果，选择粒子群算法进行求解。

8.1 基于话务量与疲劳度的座席人次规划

8.1.1 时段座席人次规划

合理的座席人次规划方法对客服中心的工作效率和经济性的提高有重要意义。利用排班调度解决一定规模的话务时，所安排的座席人次具有区间最优性，例如评定饮用水的pH值为6.5 ~ 8.5最优，人员数量也应在一定区间范围内选取最佳。若规划人数高于区间上限值，虽然能够较为从容地处理来电话务，保障客服中心工作效率，但过多的座席人员会使排班人力成本增加，并且分配至每名座席人员所需处理的单量太低，使得人力资源没有充分利用，综合致使服务调度的经济性大打折扣；反之，若规划人数低于最优区间下限，虽然人数减少能够节省经济投入，但同时在服务调度过程中可能出现因人力不足而导致的话务超负荷等问题，使得排队时长增加、客户满意度下降、业务投诉增多。除此之外，在进行人员座席规划时，由于一名座席人员无法连续工作24h，并且一天当中不同时间的来电话务规模存在差异，若规划对象依然选取为人数，该方法会带来规划人员负责时间无指向、经济投入计算困难的问题，故结合每日各时段话务量密度，选择以每一时段的规划人次为对象，计算经济投入时考虑每人次的工作小时数的方法进行排班。综上分析，建立一种以每时段座席人次、数量为对象能够同时满足经济性与调度需求的座席人次规划模型，对服务调度体系的完善是有必要的。

在时段座席人次规划的参考标准选取上，需要同时考虑座席人员工作强度和人力成本。当规划后的平均座席工作量过大，即一定时间内需要处理的话务过多或是连续较长一段时间不断处理话务，会致使座席人员在长时间内处于高工作强度状态，人员疲劳度大大增加，不利于客户服务开展，还会令服务座席的工作怠倦情绪提高、客户满意度降低；当规划后的平均座席工作量过低时，即面对一定规模的话务量大小时，此时段内安排了过多座席人员，使得人员在岗时间内较长时间处于空闲状态，故人力资源效益没有充分利用同时这也意味着存在人力成本冗余的情况，不利于提高客服中心的经济性。综上来看，本章在规划人次时，应根据座席人员疲劳度与人力成本投入这两方面的数据进行建模计算。

疲劳是指作业人员在一定时间内持续工作后，由于能量消耗引起身体和精神的变化，导致工作能力暂时下降的现象。根据工作类型不同，疲劳度可分为身体疲劳度与精神疲劳度。针对客服座席工作模式，值班期间久坐、身体长时间不伸展、思维逻辑保持活跃，使得人员在身体与精神上皆会产生疲劳，如倒班作业情况、岗位工作量大小、外部条件、身体机能指标等都会对人员疲劳度产生影响；针对客服中心调度系统，工作环境优良、配备身体指标监控设备困难且必要性不大，同时考虑疲劳度指标的计算数据易收集，本章以目标人次的工作时长与每小时处理话务量衡量疲劳度。

人力成本投入主要是针对人员数量而言，但本章试图考虑人力成本对人数进行计划安排，故需要将人力成本指标以其他能够表征成本投入情况，且方便获取的参数种类进行解释。客服的工作目标是妥善解决来电话务，以满足电网用能客户的需求，所以话务量大小不仅与安排的人力资源多少紧密相连，而且与座席的人力资源投入也密切相关。话务规模大，则增加服务座席；话务规模小，则相应减少该时段的座席数量，同时日后话务量数据易通过第七章相关内容预测得到，不存在数据获取壁垒。基于此，利用时段内话务量的大小反映人力资源投入是合理的。

综合座席人员疲劳度与人力成本的表征参数，建立每时段座席人次规划模型，具体如下

$$\chi_i = c_1\eta + c_2\varepsilon + c_3\tau \tag{8-1}$$

式中：c_1、c_2、c_3为权重项的系数；η、ε、τ分别为i时段话务量规模、座席平均每人每小时处理话务量权重、工作时长；χ_i为i时段规划的座席人次指标。

通过计算每一时段的χ_i，再进行求和获得当日所需安排的座席人次指标，其表示为

$$\chi = \sum \chi_i \tag{8-2}$$

在使用式（8-1）计算人次数量时，由于时段话务量规模、座席人员每小时处理话务量与工作时长所代表的量纲不同，并且物理含义也存在差异，3种参数处在3种标准体系中，若直接进行线性叠加，则其输出结果物理意义模糊，无法表征座席人次。因此，在进行线性叠加前，需要对输入参数进行标准处理，使各参数削弱自身物理意义，转为无单位或单位为1的数据进行计算。

在标准处理后，根据规划模型得到的χ、χ_i成为无量纲输出，故在指导座席人次规划时，利用时段权重分配与当日可调度总人员数量，获取具体座席数量信息。权重分配模型如下

$$X_i = X \cdot \frac{\chi_i}{\sum \chi_i} \tag{8-3}$$

式中：X为当日所能调度人员总数量，可参考以往一段时间内的X与χ，由经验或专家意见给出；X_i为本时段规划的座席人次数量。

综上，人员规划模型具体步骤如下：

步骤1：收集时段话务量规模、座席人员每小时处理话务量和工作时长η、ε、τ，输入座席人次规划模型。

步骤2：针对所使用的3种参数进行标准处理，将数据类型正向化。

步骤3：基于输入数据特点，选用匹配方法进行标准化。

步骤4：接着归一化处理统一标准的各数据。

步骤5：根据标准处理结果计算3类数据权重c_1、c_2、c_3。

步骤6：叠加赋予权重后的值，计算得到χ_i与X_i。

人员规划模型步骤如图8-1所示。

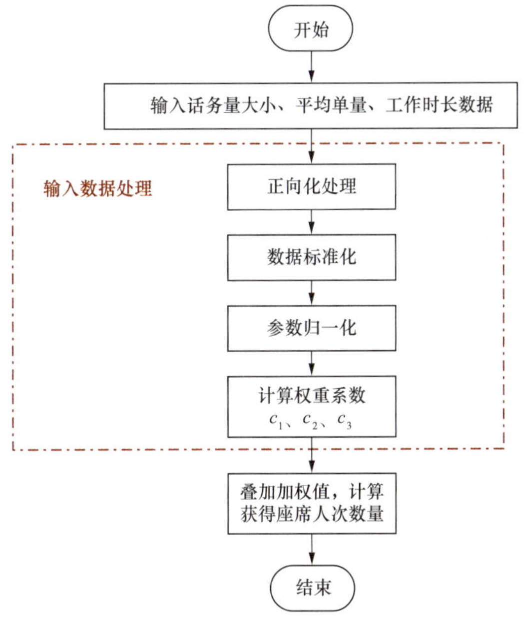

图8-1　人员规划模型步骤

8.1.2 基于AHP-熵权法的数据权重分配

考虑到规划计算模型中存在话务量规模、座席人员每小时处理话务量和工作时长3类输入参数都具备不同物理意义与量纲，使得数据直接输入计算得到的χ_i出现无物理含义、数值畸变等问题，不适合在工程实际中使用。对于此类目标量受类型互不相同的多指标影响的问题，一般采用综合评价法予以解决，其运用多指标及多样本对单位进行评价的方法，将不同指标转化为一个能够反映综合情况的指标来进行评价，并得出各指标的影响权重和各样本目标量的评价结果。在综合评价方法中，按评价角度区别，可分为主观评价法、客观评价法和主客观评价方法三大类。主观评价方法使用最广泛的是层次分析法（analytic hierarchy process，AHP），其利用多指标两两对比构造判断矩阵，进而计算决策权重选出最优方案，该方法能够处理无数据支撑时的权重计算，但主观赋权可能导致结果的可信度和精确度较低；客观评价法包括优劣解距离法、数据包络分析法、熵权法等，其中熵权法工程应用较多，该方法根据各项指标提供的信息大小，结合各项指标的变异程度，计算出各项指标的权重，适用于有数据支撑的权重计算，但仅凭数据的波动程度来确定权重，没有考虑数据的实际意义，在评定数据差异程度不大的指标时，会导致所得权重非常小，不利于得到真实的评价结果。

针对座席人次规划所确定的指标中η、ε、τ的样本数据容易获取（可通过第7章中日前话务量预测得到）；τ直接计量时段时间跨度即可；ε可根据以往一段时间内的座席人员处理话务量与座席人数计算，其表示为

$$\varepsilon_d = \frac{\eta_d}{X_d} \tag{8-4}$$

式中：ε_d为以往d时段的人员平均每小时处理话务量；η_d为该时段话务量；X_d为该时段所安排的座席人员数量。

故在指标数据获取上，本书座席人次规划适用熵权法，但由于各样本间的ε、τ差异性较小，数值差别不大，大大影响了评价权重分配的合理性。选取客服连续100天同一时段的数据样本，并列举样本部分η、ε与τ原始数据，部分η、ε、τ原始数据见表8-1。

表8-1　　部分η、ε、τ原始数据

η（条）	888	835	1180	2869	5000	4572	3888	3836	2448	1515
ε（条）	14.92	15.18	15.11	15.10	13.83	13.86	14.57	14.78	15.3893	16.78
τ（条）	8.45	8.15	8.22	9.39	7.07	7.45	7.92	8.27	8.38	8.61

表8-1中第1行数据为话务量，第2行数据为座席人员每小时处理话务量，第3行数据为工作时长。由表8-1可知，话务量数据差异性及不确定度较大，而其他两类数据间的差异变化很小，数值基本接近，单纯使用熵权法计算该两项权重会极小，即疲劳度指标对人员座席人次的影响过小，无法综合体现真实权重评价结果。此时引入主客观评价方法的AHP-熵权法进行评定，即同时使用主观层次分析法与客观熵权法对该三项指标进行权重评定，再把评定结果结合起来作为最终座席人次评定输出。

加法结合式为

$$w_j = k_1 w_{pj} + k_2 w_{qj} \tag{8-5}$$

式中：w_j为第j项指标的输出权重；w_{pj}为根据层次分析法所得的第j项指标权重；w_{qj}为根据熵权法所得的第j项指标权重；k_1、k_2为两种方法的权重系数，由专家建议或调度

经验设定。

乘法结合式为

$$w_j = \frac{(w_{pj})^{k_1} \cdot (w_{qj})^{k_2}}{\sum_{j=1}^{m} w_{pj}^{\ k_1} \cdot w_{qj}^{\ k_2}} \tag{8-6}$$

对k_1、k_2约束为

$$k_1 + k_2 = 1 \tag{8-7}$$

1. 基于熵权法的座席规划权重分配

考虑使用AHP-熵权法对座席人次规划模型进行分权评定，由此计算各时段规划座席人员。首先使用熵权法计算三类输入数据的权重，具体步骤包括数据正向化、矩阵归一化、计算信息熵、权重计算。

（1）数据正向化。数据正向化是将各类型指标转化为与评价对象正相关参数的一种方法，其保障输入指标的变化同评价结果的数值变化一致，有利于机器学习不同类型数据，综合全量数据得出评价结果。指标类型分为极大值指标、极小值指标、中间型指标和区间型指标4类，数据正向化就是让其他类型指标转化为极大值指标，四类指标的特点与实例见表8-2。

表8-2 四类指标特点与实例

指标名称	指标特点	实例
极大值指标	越大越好	成绩、利润、GDP
极小值指标	越小越好	花费、污染程度、失业率
中间型指标	越接近某个值越好	水质评估时的pH值
区间型指标	落在某个区间最好	体温

数据正向化是把非极大值指标转变为极大值指标，以便于权重计算与实际意义分析，此处只需要对三类指标进行正向化。因此，针对非极大值指标的其他三类指标，正向化的计算方法为如下：

1）极小值指标正向化，表示如下

$$x_i' = \max\{x_1, x_2, \cdots, x_i\} - x_i \tag{8-8}$$

式中：x_i'为正向化后的样本值；x_i为原数据值。

若所有元素均为整数，在正向化时则可以直接求取倒数，其表达式为

$$x_i' = \frac{1}{x_i} \tag{8-9}$$

2）中间型指标正向化，表示如下

$$m = \max\{|x_i - x_{best}|\} \tag{8-10}$$

$$x_i' = 1 - \frac{|x_i - x_{best}|}{m} \tag{8-11}$$

式中：$\{x_i\}$为一组中间型数据指标；x_{best}为其中的最优值。

3）区间型指标正向化，表示如下

$$m = \max\{a - \min\{x_i\}, \max\{x_i\} - b\} \tag{8-12}$$

$$\tilde{x}_i = \begin{cases} 1 - \dfrac{a - x_i}{M}, & x_i < a \\ 1, & a \leqslant x_i \leqslant b \\ 1 - \dfrac{x_i - b}{M}, & x_i > b \end{cases} \tag{8-13}$$

式中：$\{x_i\}$为一组区间型指标；a、b分别为区间下限与区间上限。

（2）矩阵归一化。在计算各指标熵权之前，还需利用正向化后的参数矩阵进行归一化处理。归一化能够将数据映射到指定的范围内进行处理，更加便捷快速，同时也能把有量纲表达式编成无量纲表达式，便于不同单位或量级的指标能够进行比较和加权。经过归一化后，将有量纲的数据集变成纯量，还可以达到简化计算的作用。目前使用效果最佳及运用最广泛的归一化方法有z-score法与线性归一化（通常称作max-min归一化）。

当数据在多个维度上存在显著的大小差时，常用z-score法解决，其将不同指标的数据减去本指标的均值后，再除以本指标的标准差，从而将指标内的多样本数据转化为均值为0的一组数据，达到维度统一的效果，z-score计算方法表示为

$$z_i = \frac{x_i' - \mu}{\delta} \tag{8-14}$$

式中：x_i'为正向化后的指标样本；μ为该项指标的均值；δ为该项指标的标准差；z_i为归一化后数据值。

但在利用z-score求取归一数据后，由于结果必然同时存在正数与负数，而熵权法无法对含有负数的指标数据进行权重计算（其计算利用到自然对数，负数不在其定义域内），故z-score不适用于本书座席规划内容。

线性归一化可以说是更容易且更灵活的归一化技术，它允许分析人员获取集合中最大x和最小x之间的差值，并建立一个基数，将不同指标的数据基于同一基数进行转化，达到统一维度的目标，其计算方法为

$$z_i = \frac{x_i' - \min(x)}{\max(x) - \min(x)} \tag{8-15}$$

式中：min(x) 为正向化后样本数据的最小值；max(x) 为正向化后样本数据的最大值。

将华南某省100份针对3类指标的样本数据进行归一化处理，部分归一化样本数据如图8-2所示。

0.0751	0.0687	0.1100	0.3122	0.5673	0.5161	0.4342	0.4280	0.2618	0.1501
0.3691	0.5020	0.1955	0.4391	0.6056	0.2169	0.9195	0.4467	0.3386	0.6309
0.5800	0.2755	0.2660	0.2740	0.3847	0.8175	0.4136	0.8442	0.8062	0.5489

图8-2　部分归一化后样本数据

图8-2中，第1行数据对应η，第2行数据对应ε，第3行数据对应τ，可见三类不同指标已经基本统一在一个维度，均分布在 [0, 1]。

（3）计算信息熵。经过归一化后，考虑到权重计算的数据基础为各评价指标的信息熵，故需对η、ε、τ的信息熵进行计算。信息熵是用于度量信息量的一个概念，一个系统越有序，信息熵就越低；反之，一个系统越混乱，信息熵就越高。在熵权法中，对于信息熵低的指标，其不确定性低，认为反映目标值的能力弱；对信息熵高的指标，不确定性高，认为其反映目标值的能力强。信息熵的计算方法为

$$e_j = -\frac{1}{k}\sum_{i=1}^{n} z_{ij}\ln(z_{ij}) \tag{8-16}$$

式中：e_j为指标j的信息熵；z_{ij}为指标j的第i各个样本归一化后的数值；k表示为

$$k = \frac{1}{\ln n} > 0, e_j > 0 \tag{8-17}$$

由此可计算得到座席人次规划中各指标的信息熵的大小，评价指标信息熵见表8-3。

表8-3　评价指标信息熵

评价指标	话务量规模	平均每人每小时处理话务量	工作时长
信息熵	6.8536	6.9303	6.4814

（4）权重计算。根据所得各指标信息熵计算对应分权结果，计算过程如下

$$d_j = 1 - e_j \tag{8-18}$$

$$w_j = \frac{d_j}{\sum_{j=1}^{m} d_j} \tag{8-19}$$

式中：d_j为第j类指标的信息效用值；w_j为信息效用值简单归以后的输出权重。

根据熵权法计算得到η、ε、τ的权重，熵权法得出的指标权重见表8-4。

表8-4 熵权法得出的指标权重

评价指标	话务量规模	平均每人每小时处理话务量	工作时长
权重	0.5492	0.2764	0.1744

由表8-4可知，熵权法计算得出的各评价指标权重中，话务量规模占比0.5492、平均每人每小时处理话务量占比0.2764、工作时长占比为0.1744。故话务量规模对座席人次影响最大，超过五成；平均每人每小时处理话务量影响次之，权重大致为话务量规模的一半；而工作时长对座席人员的影响最小。

2. 基于层次分析法（AHP）的座席规划权重分配

以上是基于客观角度，计算指标相关数据得到的熵权法权重结果，现考虑基于主观角度，利用层次分析法（AHP），重复计算权重过程。AHP是一种解决多目标的复杂问题的定性与定量相结合的决策分析方法，该方法将定量分析与定性分析结合起来，用决策者的经验判断各衡量目标之间能否实现的标准之间的相对重要程度，并合理地给出每个决策方案的每个标准的权数，利用权数求出各方案的优劣次序，比较有效地应用于那些难以用定量方法解决的课题，AHP权重分析结构如图8-3所示。

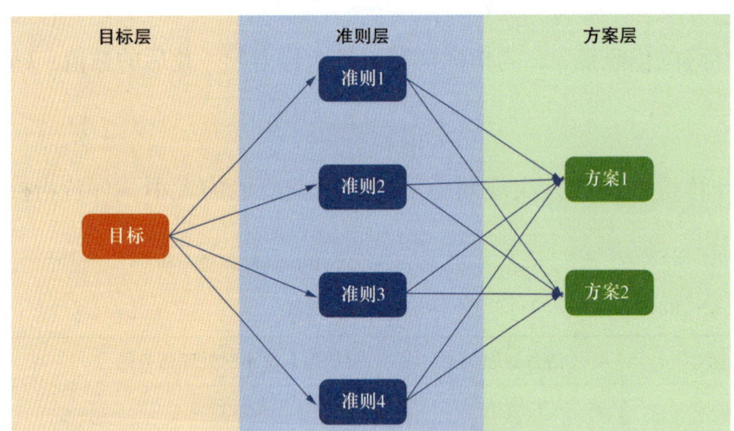

图8-3 AHP权重分析结构

在计算各项准则的权重系数时，首先需要对两两指标间的重要程度偏好进行设定，一般设定9个程度等级，表示如下

$$a_{ij}=\{k,\frac{1}{k}\},k\in\{1,2,3,\cdots,9\} \tag{8-20}$$

式中：a_{ij}为专家判断标准i相对于标准j对于目标的重要程度，a_{ij}越大，则标准i较标准j对目标影响越大；反之，则标准i较标准j对目标影响越小。

进而根据a_{ij}建立专家评价矩阵，表示如下

$$\boldsymbol{A}=\begin{bmatrix} a_{11} & a_{12} & \cdots & a_{1n} \\ a_{21} & a_{22} & \cdots & a_{2n} \\ \vdots & \vdots & \cdots & \vdots \\ a_{n1} & a_{n2} & \cdots & a_{nn} \end{bmatrix} \tag{8-21}$$

式中：n为标准个数。

接着计算专家评价矩阵各元素在本列中的占比φ_{ij}，最后将元素占比按每行叠加，最终获得对应标准的权重值w_i。φ_{ij}、w_i的计算公式如下

$$\varphi_{ij}=\frac{a_{ij}}{\sum_{i=1}^{n} a_{ij}} \tag{8-22}$$

$$w_j=\sum_{j=1}^{n} \varphi_{ij} \tag{8-23}$$

由于AHP评价较为主观，在使用最终权重结果前，还需要检验评价结果的正确性，此检验称为一致性检验，即检查权重值与评分高低间逻辑是否保持一致，具体步骤如下：

（1）首先，计算评分矩阵$\boldsymbol{A}$的最大特征值$\lambda_{\max}$，计算公式如下

$$\lambda_{\max}=\frac{1}{n}\sum_{i=1}^{n}\frac{\sum_{j=1}^{n} a_{ij} w_j}{w_i} \tag{8-24}$$

式中：n为标准个数。

（2）然后，根据$\lambda_{\max}$计算一致性指标ci与一致比率CR。具体表示为

$$ci=\frac{\lambda_{\max}-n}{n-1} \tag{8-25}$$

$$CR=\frac{ci}{ri} \tag{8-26}$$

式中：ri为平均一致性指标，随着n的变化选值不同，具体参考表8-5。

表8-5 平均一致性指标ri

阶数	1	2	3	4	5	6	7	8	9
ri	0.00	0.00	0.52	0.89	1.12	1.24	1.36	1.41	1.46

根据计算结果判断是否满足$CR<0.1$，判断权重值与评分高低间逻辑是否保持一致。

针对座席人次规划中各标准的权重选取，得出AHP结果，AHP计算权重结果见表8-6。

表8-6 AHP计算权重结果

话务量规模权重	平均每人每小时处理话务量权重	工作时长权重	*CR*
0.6299	0.2186	0.1515	0.0015（通过）

由表8-6中数据可知，根据AHP计算得出的各评价指标权重中，话务量规模占比0.6299、平均每人每小时处理话务量占比0.2186、工作时长占比为0.1515，并且一致比率为0.0015 < 0.1，通过一致性检测。AHP法同熵权法得到的结果在重要程度排序上保持一致，根据权重分布可知，AHP给话务量规模分配了更多权重，对应的在反应疲劳度的两个指标上分配的权重有所降低。

3. 基于AHP-熵权法的座席人次规划

至此，分别使用熵权法与AHP评价得到各指标的权重，整合后利用加法综合（$k_1 = 0.6, k_2 = 0.4$）计算得到针对座席人次规划的最终权重值。其中利用AHP-熵权法所得的话务量规模权重为0.5816，平均每人每小时处理话务量所占权重为0.2532，工作时长所占权重为0.1652。不同评价方法的权重结果对比见表8-7。

表8-7 不同评价方法的权重结果对比

评价指标	话务量规模	平均每人每小时处理话务量	工作时长
熵权法权重	0.5492	0.2764	0.1744
AHP权重	0.6299	0.2186	0.1515
AHP-熵权法权重	0.5816	0.2532	0.1652

8.2 考虑应急需求的三段式后备人员规划及增值服务推送模型

8.2.1 考虑应急需求的三段式后备人员规划

基于8.1，利用预测得到的话务量与所选用的疲劳度指标，即座席平均每人每小时处理话务量和工作时长数据，客服中心能够对每日各时段内所需要的客服座席人次进行规划。虽然所述人次规划方法能够综合考虑话务处理需求与客服人员疲劳度，但鉴于权重计算结果，话务量规模对座席人次数量的影响很大，接近总体影响的六成。根据第7章介绍，日前话务量预测的准确度已能够接近90%，可一旦出现某日预测的话务量远小于当日实际话务量的情形时，仍会给客服中心带来巨大的调度压力，若此时依然使用日前预测结果进行座席人次规划，可能给中心造成客户排队时间增加、用户满意度下降、爆单和投诉增多等负面影响。针对此类出现概率小但造成后果严重的调度实例，本节考虑构建三段式后备人员规划模型，以保障调度系统有序运行。

三段式后备人员规划类似于继电保护中的多段式保护，只有在优先级高的保护等级无法有效作用时，下一阶段的保护才接入系统运作，当由于话务量过大，超出当日座席人次规划的服务调度能力时，后备式规划服务人员才会被调用。三段式后备人员规划即为规划在岗人员、规划旁岗位人员、规划闲岗人员。座席人员为根据话务量预测结果及相关标准预先安排出勤客服员工，此为第一段规划，能够解决绝大多数用户话务量需求；该时段出勤的其他人员包括具有客户服务经验、突发状况时负责其他工作的中心员工，此为第二段规划，在第一段规划处于极大压力时才会调度使用；未出勤的座席人员为此时段并未出勤，但调度系统存有其座席标签数据，能够进行紧急出工的人员，此为第三段规划，只有在前两段规划皆投入后仍然无法满足话务需求、濒临爆单的场景下才被调用，被使用的概率极小。考虑应急需求的三段式后备人员规划如图8-4所示。

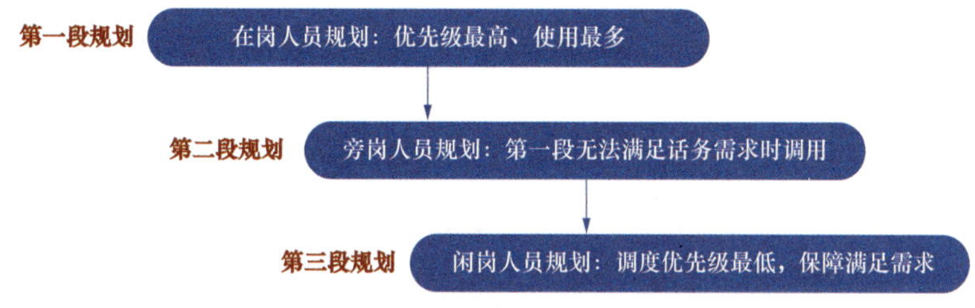

图8-4　考虑应急需求的三段式后备人员规划

下面详细介绍三段式后备人员规划的三段规划模型。

（1）第一段规划模型。基于座席人次规划权重计算结果，可以得到目标时段的人次指标χ_i，但由于该指标尚在权重计算的维度中，即其为归一化后的数值，并不具备实际人次量纲与物理意义。参考历史数据中同一时段的合理规划情况，采集该时段的η、ε、τ并计算对应χ_i'，用一定量的χ_i'与该时段所作的合理规划人次进行比例拟合，所得比例用于指导安排当下座席人员。其中合理规划情况是指安排的人次能使ε与τ处于合适的取值，且该时段话务量需求能够得到满足。合理规划情况的相关约束为

$$(\varepsilon \in [\varepsilon_1, \varepsilon_2]) \cap (\tau \in [\tau_1, \tau_2]) \tag{8-27}$$

$$\sum_{i=1}^{n} T_{\mathrm{q}} < nT_{\mathrm{u}} \tag{8-28}$$

式中：ε_1、ε_2为平均每位座席每小时处理话务量的下限与上限；τ_1、τ_2为座席工作时长的下限与上限；T_q为每条话务的等待接入时长；n是该时段来电话话务总量；T_u是每条话务等待接入时长的阈值，等待接入时长小于该值则认为该条话务及时得到处理。

根据相关约束筛选出近期合理规划的时段，计算当日规划人次与χ_i'的比例数值，认为该数值反映人次与χ_i'的映射关系，并将其用于规划座席人次，具体算法为

$$f(Nub',\chi_i')=\sum_{i=1}^{n}\frac{Nub_i'}{\chi_i'} \tag{8-29}$$

$$Nub_j=ceil[f(Nub,\chi_i')\chi_j] \tag{8-30}$$

式中：Nub_i'是历史数据中合适规划时段的座席人次；χ_i'是对应的规划指标；n为采集合适规划时段数量；Nub_j是所做j时段的规划作息人数；χ_j是对应的规划指标；$ceil(x)$为向上取整函数。

由于座席人次皆为整数，故引入$ceil(x)$向上取整函数，即将x修正为比自身大的最小整数，将座席人数安排规范化。

使用第一段规划方法，得到30天样本内各时段的座席人员数量，由于时段的设置在工程实际中灵活多变，没有固定的标准，在仿真中各时段划分方式为：

1）早时段：7:00—10:00。

2）午时段：12:00—14:00。

3）高峰时段：10:00—12:00、14:00—17:00。

4）晚间时段：0:00—7:00、17:00—0:00。

最后得到各时段具体座席人员数量，第一段座席人次规划如图8-5所示。

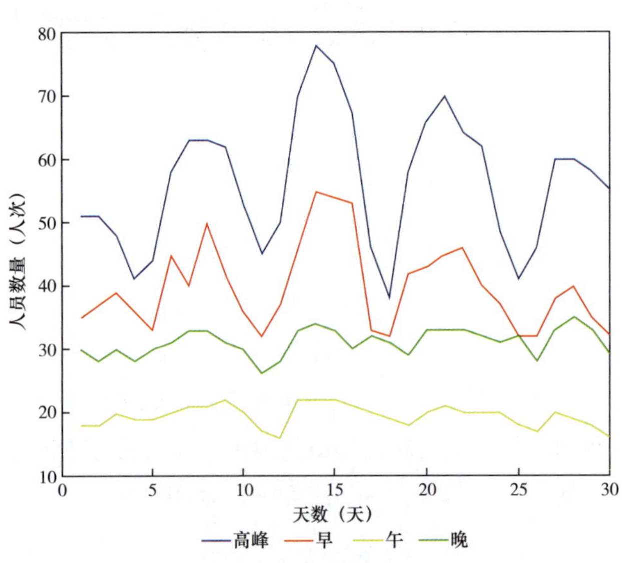

图8-5　第一段座席人次规划

根据规划结果可知，高峰时段的话务量最多且每位座席每小时需解决的话务量较多，所安排的座席人员最多；早时段相较于午时段与晚时段η与ε会更大，故安排座席人员数排在次席；虽然午时段座席每小时需处理的话务量比晚时段更多，但由于晚时段时间跨度最长，累计话务总量也比午时段多，考虑话务量规模权重最大，因此晚时段所需座席人次理应较大。

（2）第二段规划模型。当时段内呼入话务量与预测值偏差较大，使得第一段基于话务量预测与座席疲劳度的座席人次规划难以应对时，会在此时间内不断囤积未能接入话务，排队客户增多且投诉增多，需要投入第二段规划人员进行客户服务。第二段人员数量规划是调用具有客服经验与能力，但工作于非客服座席岗位的中心其他员工，因其此时在岗且能够处理来电话务，投入后能够迅速解决或缓解客户来电压力大的问题。与座席人员一样，此类人员通过业务技能评定拥有技能标签，能够按照擅长业务顺序进行匹配对应客户需求。第二段规划人员的具体投入条件为

$$\boldsymbol{W}=[w_1,w_2,\cdots,w_n]=ones(1,n) \tag{8-31}$$

$$H_{\mathrm{q}}>H'_{\mathrm{qu}} \tag{8-32}$$

$$\overline{T_{\mathrm{q}}}>\overline{T}'_{\mathrm{qu}} \tag{8-33}$$

式中：$\boldsymbol{W}$为第一段规划的座席人员工作状态，1表示占线，0表示空线；H_{q}为正在排队接入的话务量；H'_{qu}为触发第二段人员规划的排队话务量阈值；$\overline{T_{\mathrm{q}}}$为时段内呼入话务的平均排队时间；$T'_{\mathrm{qu}}$为触发第二段人员规划的话务排队时长阈值。

规划人员的投入条件：只有当座席人员全部处于占线状态、正在等候接入的话务量与该时段平均排队时间均大于对应阈值时，第二段规划才将使用。

由于第二段规划调度的是工作职责不在座席话务处理上的员工，被调度的人员自身也处在忙碌状态，那么在投入该规划人员时，难以同第一段规划选取固定的人员规划数量。考虑引入话务量预测偏差度来确定第二段规划的人员数量，认为话务量预测偏差度所导致的话务量由第二段规划承担，由该偏差度同第一段规划计算得到所需客服人员数量，具体模型为

$$\eta_{pi}=(q-1)\eta,r>1 \tag{8-34}$$

$$N_{pi}=f(N,\chi,\eta_{pi},\varepsilon,\tau) \tag{8-35}$$

$$N''=\frac{N_{pi}}{P_{\mathrm{w}}} \tag{8-36}$$

式中：q为最大话务量预测偏差度，代表实际话务量较预测话务量可能出现的最大偏差；η_{pi}为最大话务偏差量；N_{pi}为第二段规划实际需要投入的人数；P_{w}为被调用人员的空闲概率，一般在区间$[P_{w1},P_{w2}]$内取值；N''为第二段规划所需提前准备人员数量。

基于某日高峰时段规划结果，在一小时内发送1000条话务并触发第二段座席人员，对第二段座席人员进行规划，第二段规划座席及处理话务情况见表8-8，其中第二段规划人数是未计及空闲概率的N''。

表8-8 第二段规划座席及处理话务情况

话务量（条/h）	第一段座席数量（人）	第二段规划人数（人）	第二段规划分担处理话务量（条）
1000	65	50	197

（3）第三段规划模型。当前两段规划依次投入后，来电话务压力依旧没有缓解，调度系统持续超载运行时，有必要投入第三段规划。第三段规划投入条件为

$$N''_{\mathrm{w}} \neq 0 \tag{8-37}$$

$$H_{\mathrm{q}} > H'''_{\mathrm{qu}} \tag{8-38}$$

$$\overline{T_{\mathrm{q}}} > \overline{T}'''_{\mathrm{qu}} \tag{8-39}$$

式中：N''_{w}为已经投入的第二段规划人员数量；H'''_{qu}为触发第三段规划的排队话务量阈值；T'''_{qu}为触发第三段规划的话务平均排队时间阈值。

只有当第二段规划已经投入使用，并且正在等候接入的话务量与该时段平均排队时间均大于对应阈值时，第三段规划才将使用。为防止第三段规划误动作，在第二段与第三段规划投入条件的阈值选择上，令$H'''_{\mathrm{qu}} > H''_{\mathrm{qu}}$且$\overline{T}'''_{\mathrm{qu}} > \overline{T}''_{\mathrm{qu}}$。

由于此为最后一段规划方案，需要尽可能杜绝爆单现象出现，但因调动对象为未出勤在休的座席人员，一次性全体规划会大大提高加班人力成本，故依照人员已休息的时间长短依次投入服务，具体如下

$$\boldsymbol{R} = descend([r_1, r_2, \cdots, r_n]) \tag{8-40}$$

式中：$descend$为降序函数；r_i为人员i下班后已经休息的时间；$\boldsymbol{R}$为第三段规划的人员投入顺序矩阵。

按照其中排序依次匹配话务进行服务，当$H_{\mathrm{q}} < H'''_{\mathrm{qu}}$且$\overline{T_{\mathrm{q}}} < \overline{T}'''_{\mathrm{qu}}$时，第三段规划即可退出。

基于某日高峰时段规划结果，在一小时内发送1200条话务，依次触发第二、三段座席人员，对第二、三段座席人员进行规划。第二、三段规划座席及处理话务情况见表8-9，其中第二段规划人数是未计及空闲概率的N''。

表8-9 第二、三段规划座席及处理话务情况

第一段座席数量（人）	第二段座席数量（人）	第三段规划人数（人）	第三段规划分担处理话务量（条）
65	50	31	259

8.2.2 融合知识图谱的增值服务推送系统

1. 考虑座席繁忙度的推送时刻选取

伴随企业业务的不断开拓发展，不少公司推出了面向特定客户的增值服务业务。与基础服务不同，用电客户对种类多样的增值服务内容了解普遍不多，尽管用户具有增值服务需求，也少有主动联系企业有关部门进行业务咨询，故考虑在客服调度过程中，增添客服人员关于增值服务主动推送系统，为具备增值服务需求的用户推广普及相关业务。

客服座席人员主要工作任务为处理值班时段内的客户来电，在安排人员主动呼出、推送增值服务内容时，需要考虑座席繁忙程度选取呼出时刻。当接入的话务量大、客服中心处于繁忙状态时，座席人员负责处理客户来电需求，尽管此时存在空闲状态的座席人员，也应保持接电待命状态，以应对可能的话务量峰值；当中心接入的话务量较小、大多座席人员处于空闲状态时，则调用部分空闲人员主动推送增值业务。

以下为推送时刻选取的具体方法：

（1）以Δt为时间间隔，采集当下时刻座席工作状态数据，包括处于空闲状态的座席人数Nub_0、处于占线状态的座席人数Nub_1、话务量预测Δt时间内来电话务规模$\Delta\eta$，并计算空闲座席人员占总体人员的比例β，表示为

$$\beta = \frac{Nub_0}{Nub_0 + Nub_1} \tag{8-41}$$

（2）判断β与$\Delta\eta$是否满足以下判据：$\beta > \beta_u, \Delta\eta < \Delta\eta_u$。其中，$\beta_u$、$\Delta\eta_u$是空闲座席人员占比、时间间隔内产生话务量的设定阈值。若通过判据，则认为当前时刻座席调度繁忙度较低，能够从容处理来电话务，则进行下一步；若无法通过判据，则认为当前时刻座席调度繁忙，难以抽调人员主动呼出，等待下一时刻重复步骤（1）。

（3）从空闲的座席人员中固定人数推送增值业务内容，当某一座席结束业务推荐后，另一空闲座席人员方能呼出推送，其他空闲人员依然为呼入的话务待命，具体可表示为

$$N_{pos} = kNub_0 \tag{8-42}$$

$$w_j = 1 \quad \text{if } w_i = 0 \tag{8-43}$$

式中：N_{pos}为进行主动推送的座席人数；k为投入系数；w_j、w_i为座席的工作状态；i为正在推送的座席；j为尚处于空闲状态但即将进行推送的座席。

另外，增值服务的主动推送也根据第7章中座席技能标签逆向进行，即擅长某项技能的座席人员，将拨打具有该项业务需求标签的用户推送该业务。

2. 融合知识图谱的推荐系统

知识图谱本质是一种带有语义信息的异构网络拓扑结构。由实体作为网络结构的

节点，节点之间的边代表了实体之间的语义关系。通常使用三元组结构进行知识图谱的表示，即$G=(E, R, S)$。其中，$E=(e_1, e_2, e_3, \cdots, e_{|E|})$代表了知识图谱的实体集合；$R=(r_1, r_2, r_3, \cdots, r_{|R|})$是知识图谱中的关系集合，代表知识图谱中的三元组集合；对于S的形式，通常可以表示为（实体、关系、实体），即（h, r, t），其中h为头部实体、r为关系、t为尾部实体。实体作为知识图谱中的节点数据，是知识图谱的最基本元素，不同实体之间的边代表了实体之间的关系。每个实体可用一个全局唯一确定的ID来表示。

知识图谱作为一种异构网络，可以在保留原数据语义的情况下，丰富各个实体之间的关联进而进行语义的扩展。由于其独特的结构性与丰富的语义特征可以为推荐系统提供很多辅助信息。知识图谱与推荐系统的融合可以提升推荐系统的精确性、多样性和可解释性。知识图谱以其特定的网络结构可以与项目、用户数据相互融合，为用户与项目之间引入较为全面的语义关系，可以更精确地挖掘用户兴趣。与传统的社会网络相比，知识图谱的实体类型多样、关系类型多样、语义结构多样，可以通过知识图谱的游走策略或翻译过程获得多样且可靠的推荐结果。知识图谱由于具有较强的语义结构，且与用户数据、项目数据、交互数据都有较强的关联性，所以将推荐系统与知识图谱结合可以让推荐结果变得更加有理有据，增强推荐结果的可信度与解释性。将知识图谱融入推荐系统可以分为基于向量的融合方法、基于路径的融合方法和基于联合的融合方法，其实质均是获得知识图谱结构数据的特征，并将知识图谱的特征向量融入推荐系统中。

（1）知识图谱特征学习。知识图谱特征学习结果通常以低维向量的形式表示，低维特征向量可以更方便地融入推荐系统中。知识图谱特征学习过程是将知识图谱的实体与关系进行低维投影，在投影过程中需要保留知识图谱的拓扑结构信息以及实体关系构成的语义信息。知识图谱特征学习模型可以分为基于距离的翻译模型、基于语义的匹配模型和基于路径的嵌入学习。

常见的基于距离的翻译模型包括TransE、TransH和TransR。TransE模型是其他基于举例的翻译模型的基础，其在知识图谱关系中可以视为实体之间的平移向量。即对于知识图谱中任意一个三元组（$\boldsymbol{h}$, $\boldsymbol{r}$, $\boldsymbol{t}$）都存在$h+r=t$这样的假设。TransH模型是TransE模型的变形，该模型的设计初衷是为了解决TransE模型面对处理一对多、多对多等复杂关系过程中存在的局限。TransH模型认为，一个实体在不同的关系下会拥有不同的表示，为此引入了超平面的概念将关系向量表示为平移向量与超平面的法向量的乘积，具体表示如下

$$\boldsymbol{h}_{\perp}=\boldsymbol{h}-\boldsymbol{w}_{\mathrm{r}}^{\mathrm{T}}\boldsymbol{h}\boldsymbol{w}_{\mathrm{r}} \tag{8-44}$$

$$\boldsymbol{t}_{\perp}=\boldsymbol{t}-\boldsymbol{w}_{\mathrm{r}}^{\mathrm{T}}\boldsymbol{t}\boldsymbol{w}_{\mathrm{r}} \tag{8-45}$$

式中：$\boldsymbol{h}_{\perp}$、$\boldsymbol{t}_{\perp}$为三元组h与t关系向量的法向量；$\boldsymbol{w}_{\mathrm{r}}$为超平面平移矩阵。

对于TransR模型，则认为实体是多种属性的聚合，首先应将每个三元组的实体

投影到对应的关系空间中，然后再建立从头实体到尾实体的翻译关系。在TransR模型中，首先获得实体在关系向量的空间投影，为每一个关系r定义投影矩阵，将实体由实体空间投影至关系子空间。公式表示如下

$$\boldsymbol{h}_{\perp}=\boldsymbol{M}_{\mathrm{r}}\boldsymbol{h} \tag{8-46}$$

$$\boldsymbol{t}_{\perp}=\boldsymbol{M}_{\mathrm{r}}\boldsymbol{t} \tag{8-47}$$

式中：$\boldsymbol{h}_{\perp}$、$\boldsymbol{t}_{\perp}$为三元组$\boldsymbol{h}$与$\boldsymbol{t}$关系向量的法向量；$\boldsymbol{M}_{\mathrm{r}}$为定义投影矩阵。

此外，结合基于距离的翻译模型的推荐系统，是目前将知识图谱融入推荐过程中的研究热点之一。有研究者提出了一种将协同过滤思想与知识图谱特征表示相结合的模型——CKE模型，该方法利用TransR模型获得项目的向量表示，并将其融入深度学习框架中。这是一种将文本表示学习结果和项目媒体数据特征表示结果联合的深度模型。也有研究者提出KTUP（knowledge-enhanced TUP）模型，该模型受TransH模型的启发，属于一种新的基于翻译的推荐模型，该模型能自动获取用户对项目的偏好，并学习偏好p、用户u和项目i的向量表示，使用u、p与i之间的相似关系进行约束学习。KTUP模型进一步扩展了TUP模型，分别对TUP（translation-based user preference）模型（用于项目推荐）和TransH模型（用于知识图谱完成）进行联合训练，通过传递知识图谱中实体和关系的知识来增强项目和用户偏好的建模。类似地，有学者提出RCF模型，该模型以知识图谱中用户-项目交互历史和项目关系数据作为输入，最终生成推荐列表，此模型提出者设计了一个双层注意机制模拟用户偏好，第一层主要用于区分关系类型的重要程度，第二层主要使用特定关系值来预估交互项的贡献，最后，通过双层注意机制和知识图谱的向量表示对用户偏好进行联合建模。还有学者设计了一种多任务学习方法，它利用知识图谱嵌入任务作为显式约束项，为推荐任务提供正则化约束。

基于语义的匹配模型也可以完善知识图谱的特征表示过程，其主要思想是使用基于相似度的评分函数，常见的有DistMult模型等。由于在结合知识图谱的推荐系统中，几乎不运用基于语义的匹配模型进行知识图谱特征表示，所以该方案不对其进行论述。

基于路径嵌入的方法是将具有不同语义的连接路径作为输入，通过深度学习框架对这些路径进行编码。首先提取知识图谱中用户-项目交互的连接路径，表示用户和项目之间的语义关系，然后通过RNN对这些路径进行向量化，计算不同路径对用户项目之间交互的影响，通过池化层区分这些路径在建模用户项目交互时的重要性，最后使用完全连接层来预测用户对每个项目的偏好。

（2）知识图谱特征向量与推荐系统的融合方式。知识图谱与推荐系统结合的方式有三种，分别是基于向量化的融合方式、基于路径的融合方式和基于联合的融合方式。

基于向量化的融合方法通常直接使用知识图谱的特征向量丰富推荐数据，这类模型需要通过知识图谱特征学习过程，将知识图谱的实体、关系进行低维嵌入。基于路

径的融合方式则是通过判定用户和项目之间的连通性，来提升推荐效果。这两种方式在获取知识图谱实体或关系的向量表示后，仍有三种常见的方法将知识图谱的向量化结果融入推荐系统中，分别为依次训练、联合训练和交替训练。

依次训练的主要代表模型为DKN模型，联合训练的主要代表模型为RippleNet模型和KGCN模型，交替训练的主要模型为MKR模型。依次训练模型的实质是首先对知识图谱进行嵌入学习，获得对应的实体向量与关系向量后，将向量表示结果作为输入融入推荐系统中，推荐系统将这些向量数据与其他类型的数据共同学习，最终获得用户向量和项目向量。联合训练的模式是将知识图谱与推荐系统共同训练，知识图谱的嵌入与推荐系统的学习是同时进行的，且二者之间可以互相代替。交替学习是指通过特定的交叉压缩网络，进行模型的交替训练。

DKN模型是典型的依次训练模型，该模型首先在文本中发现关键的词汇，并将这些词汇与知识图谱中的实体进行匹配，通过匹配结果进行初始知识图谱的子图谱抽取，并使用知识图谱特征学习算法进行实体与关系的向量学习。获得知识图谱向量结果，并将结果作为输入，输入至推荐系统模型中。

KGCN与RippleNet是联合训练的代表模型。这类模型与依次训练模型不同，推荐的损失函数设计中，依次训练模型是不单独对知识图谱进行训练的。而联合训练模型是将知识图谱学习的目标函数与推荐系统的目标函数进行结合。联合学习是一种端到端的训练方式，在进行损失函数迭代过程中可以将推荐模块与知识图谱特征学习模块进行联合训练，但是在训练过程中需要对结合方式和权重设定进行合理分配。

MKR模型是交替训练的代表，MKR模型使用交叉压缩单元，将知识图谱特征学习与推荐进行高度融合。通过交叉压缩单元可以将推荐模块中的项目数据与知识图谱特征挖掘模块的头部向量数据进行信息交换。由于二者属于同一数据的不同表示方法，在交替训练过程可以将推荐数据与知识图谱拓扑信息进行融合，以达到扩展数据规模的目的。

8.3 “需求＋数字”双驱动服务调度优化模型建立

8.3.1 服务调度模型目标函数与约束条件

1. 模型假设

（1）假设。由于呼叫中心人力需求具有实时变动性，并且客服人数规模庞大、班次种类繁多，为降低模型复杂度，同时保障模型可行性与实用性，结合呼叫中心实际运营状况，投标方对模型做出如下基本假设：

1）一个客服人员一天连续工作8h。

2）单位时间以1h为时间段。

3）在单位时间内，各类需求的话务量及客服人数已知且不变。

4）在单位时间内，多技能客服只服务一类需求，不切换服务技能。

5）排班周期以周为单位，一周有7天。

6）只考虑正常休息日，不考虑节假日。

7）不考虑客服人员的个性化需求。

（2）模型参数及决策变量符号。

1）参数符号。

E：全职客服集合。

S：顾客需求种类集合。

G：技能组集合。

D：由周一到周日组成的日期集合。

T：一天内的时间段集合。

K：全职客服班次集合。

r_{sdt}：在第d天的第t时段对s技能的人数需求。

M：一个排班周期内每位客服人员的上班天数。

α：未满足顾客需求导致的机会损失成本。

f_e：一个排班周期内客服e的固定薪资。

f_{ek}：客服e在k班次的当班成本。

c_{eg}：班组系数，取值0～1，等于1表示全职客服e属于技能组g。

a_{kt}：客服班次系数，取值0～1，等于1表示时段t属于班次k的工作时间。

b_{sg}：技能系数，取值0～1，等于1表示技能组g中的客服掌握技能s。

b'_{sg}：技能水平系数，表示技能组g中的客服对于技能s掌握的熟练程度。

2）决策变量。

X_{ed}：0-1变量，等于1表示全职客服e在第d天上班。

W_{ked}：0-1变量，等于1表示全职客服e在第d天上k班次。

U_{sdt}：在第d天的第t时段技能s缺少的客服人数。

Z_{kgd}：第g技能组的全职客服在第d天上k班次的人数。

Y_{sgtd}：第d天的第t时段在第g技能组中以技能s上班的全职客服人数。

2. 目标函数

考虑到模型在固定时段内来电话务量一定时，相同座席人数处理话务量用时越短，即可体现该排班模型实用效率越高，故在构建目标函数时，将时段内话务接通时长数据作为主体目标。同时客户满意度也是评价排班系统是否优越的指标之一，但满意度指标没有准确、系统的衡量方法，且客户评价数据较为缺乏，在不出现爆单的情况下，客户少有投诉服务等不满意行为。故与话务接通时长相较而言，将目标函数中客户满意度的权重设置更小，具体目标函数表示为

$$\begin{cases} goal = a_1 F_{\text{av}} + a_2 T_{\text{total}} \\ F_{avi} = \gamma_1 E_{qta,i} + \gamma_2 S_i \end{cases} \tag{8-48}$$

式中：$goal$ 为调度模型目标函数，用寻优算法中时数值越小越佳；F_{av} 为客户满意度；T_{total} 为时段内话务接通时间；$E_{qta,i}$ 为时段内话务排队接入时间总和；S_i 为所处理的话务中作息技能的平均值；a_1、a_2、γ_1、γ_2 为权重系数，其中 a_1、γ_2 为负数，a_2、γ_1 为正数，且 $a_2 > a_1$。

3. 约束条件

针对客服排班实际应用场景，需对模型提出以下约束条件

$$\sum_1^E W_{ked} \cdot c_{eg} = Z_{kgd}, \forall g, \forall d, \forall k \tag{8-49}$$

$$\sum_1^S Y_{sgtd} = \sum_1^K Z_{kgd} \cdot a_{kt}, \forall g, \forall d, \forall t \tag{8-50}$$

$$Y_{sgtd} \leqslant \sum_1^K Z_{kgd} \cdot b_{sg}, \forall d, \forall g, \forall s, \forall t \tag{8-51}$$

$$\sum_1^G Y_{sgtd} \cdot b_{sg} + U_{sdt} \geqslant r_{sdt}, \forall d, \forall g, \forall s, \forall t \tag{8-52}$$

$$\sum_1^K W_{ked} = X_{ed}, \forall e, \forall d \tag{8-53}$$

$$\sum_1^K W_{ked} \leqslant 1, \forall e, \forall d \tag{8-54}$$

$$\sum_1^D X_{ed} \leqslant M, \forall e \tag{8-55}$$

$$X_{ed}, W_{ked} \in \{0,1\}, Y_{sgtd}, Z_{kgd} \in Z^+ \cup \{0\} \tag{8-56}$$

约束式（8-49）中，W_{ked} 和 Z_{kgd} 的相关关系，即每天各技能组 g 在同一班次 k 当班的人数之和等于属于技能组 g 的所有客服人员在 d 天上 k 班次的客服人数。约束式（8-50）表示 Y_{sgtd} 和 Z_{kgd} 的相关关系，即在各时间段 t 服务各类技能 s 的客服总人数等于在该时间段 t 上班的总人数。约束式（8-51）表示各天各技能组在各时段以技能 s 上班的

人数要小于技能组g中拥有技能s的上班人数。约束式（8-52）为人力需求约束，每一时段各个技能的当班人数与需求人数差值为未满足需求人数。约束式（8-53）给出了W_{ked}与X_{ed}之间的关系。约束式（8-54）表示客服人员一天只能上一个班次。约束式（8-55）表示客服人员每一排班周期上班天数不超过M天。约束式（8-56）中表示Y_{sgtd}，Z_{kgd}为正整数，W_{ked}与X_{ed}均属于0 -1变量。

8.3.2 寻优算法设计与模型求解

基于所构建的目标函数与约束条件，排班调度优化问题转化为在规定约束空间内寻找目标最优值的问题，其被归为典型多项式复杂非确定性问题，也被称作NP-难寻优问题。针对NP-难寻优问题，启发式算法能够在较短时间内对大量动态数据进行目标函数的最优求解，并能得到较可靠的仿真结果，能够满足排班调度的工程需要。在诸多启发式算法中，适用于多数据个体即群体数据进行优化的有遗传算法、蚁群算法和粒子群算法，通过分析各算法寻优逻辑与求解调度模型的最终表现，发掘最匹配所建立服务调度模型的算法种类。

1. 遗传算法

遗传算法实现步骤如下：

（1）编码设计与种群初始化。遗传算法采用整数编码的方式进行编码，每条染色体编码代表一种排班方案，包含每位客服每天是否上班及上何种班次的排班信息，编码方案示例如图8-6所示。

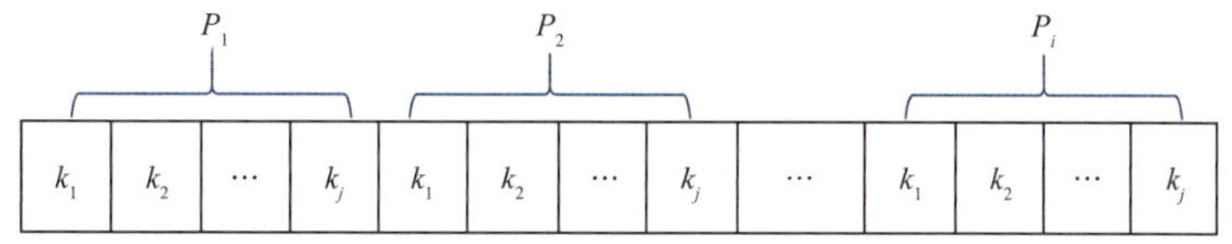

图8-6 编码方案示例

图8-6作为一条染色体的一部分，其中P_i表示第i位客服人员，k_j表示第j天上k班次。每一条染色体包含i个部分，表示共有i位客服，每个部分包含j个基因，表示j个需要进行排班的工作日。因此，一条染色体的长度为$i \times j$。假设排班周期为7天，一周有2天休息，班次分为早班、晚班和休息，分别用1、2、0来表示。利用随机函数产生客服人员、天数和班次的组合，然后将所有的客服人员、时间和班次连接起来就组成了一条完整的染色体。为保证染色体具有合法性，进行约束检验，保证每位客服有两天休息时间。

（2）适应度函数。将目标函数的倒数设置为适应度函数，性能更优的个体其适应度函数值更大，即解的质量更好。

定义该问题的第i条染色体的适应度函数f_i如下

$$f_i = \frac{1}{Z_i} \tag{8-57}$$

（3）选择。选择操作是根据适应度函数数值的大小选择出质量好的染色体成为下一代种群的父代。该方案采用轮盘赌法进行选择操作，将各染色体的适应度值占所有染色体适应度值总和的比例作为选择概率，来产生下一代群体。通过该选择操作得到的新个体是合法的，无须再进行合法性检验，这种方法较易实现。

（4）交叉。交叉操作是指两条父代染色体互换一部分基因信息，生成两条新的子代染色体。为避免交叉操作后产生非法染色体，在单点交叉的基础上进行改进，采用片段交叉的方式。以客服人员为单位进行片段分段交叉，随机产生两个小于客服人员总数I的交叉点，然后乘以周期天数D，就可以得到片段交叉。即在两个父代染色体中各随机选择一位客服，交换这两位客服的排班信息，生成两条子代染色体。这样两个新子代个体就分别具备了两个父代个体的某些特征，并且均满足约束，不会产生非法解，无需进行二次约束检验，提高算法效率。交叉示意图如图8-7所示。

（5）变异。变异是指每条父代染色体中的基因以一定概率发生变化，即改变客服在某天的上班班次。为了扩大种群多样性，防止求解结果陷入局部最优，采用多点变异操作。随机生成多个变异点，多个位置同时发生变异，变异示意图如图8-8所示。

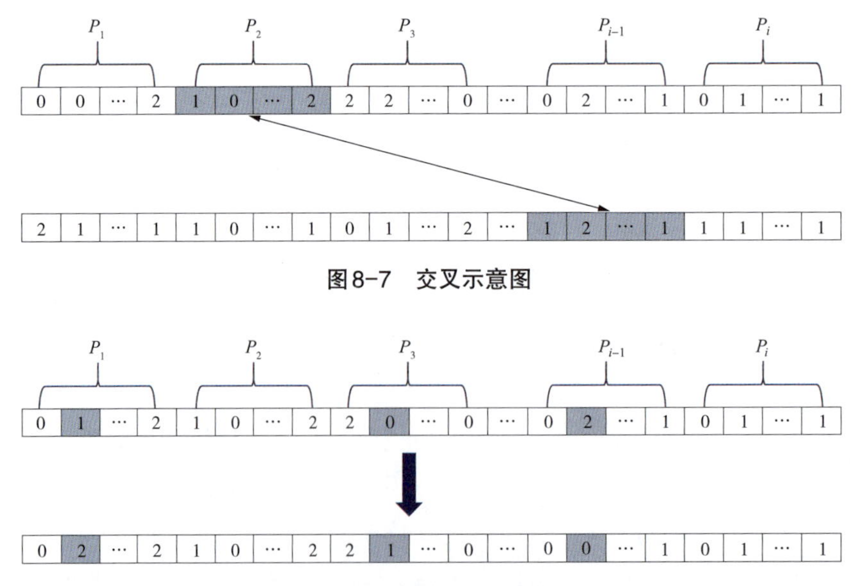

图8-7　交叉示意图

图8-8　变异示意图

由图8-8可以看出父代染色体随机产生3个变异点，以第一个变异点为例，变异位置基因由“1”变为“2”，表明客服P_1在第2天由早班变成晚班，其余情况以此类推。变异操作有可能生成不满足约束的非法解，因此多点变异之后得到的新个体必须进行约束检验，满足约束的保留，不满足约束的淘汰。

（6）种群再生。由于初始种群在变异操作后需要进行约束检验，将非法染色体淘汰。随着迭代次数的增加，种群数量就会减少，种群中的最优个体可能会被丢失。因此，为了保持种群多样性的优势，避免最优个体在操作过程中遗失，需要在迭代过程中增补染色体，使其与初始种群数量保持一致。为了保障种群多样性，并且防止最优个体丢失，该方案结合了最优种群再生与随机种群再生的策略。初始种群有N条染色体个体，迭代1次之后剩余$M\times N$条染色体个体，因此需要增补（$N-M$）条染色体个体，每迭代一次将最优个体保留下来，代替被淘汰的（$N-M$）条染色体中的一个条，其余（$N-M-1$）条染色体个体则随机生成，得到的新染色体种群与M条染色体合并，以此来保证种群数量与初始种群一致。

综上，遗传算法的具体流程如图8-9所示。

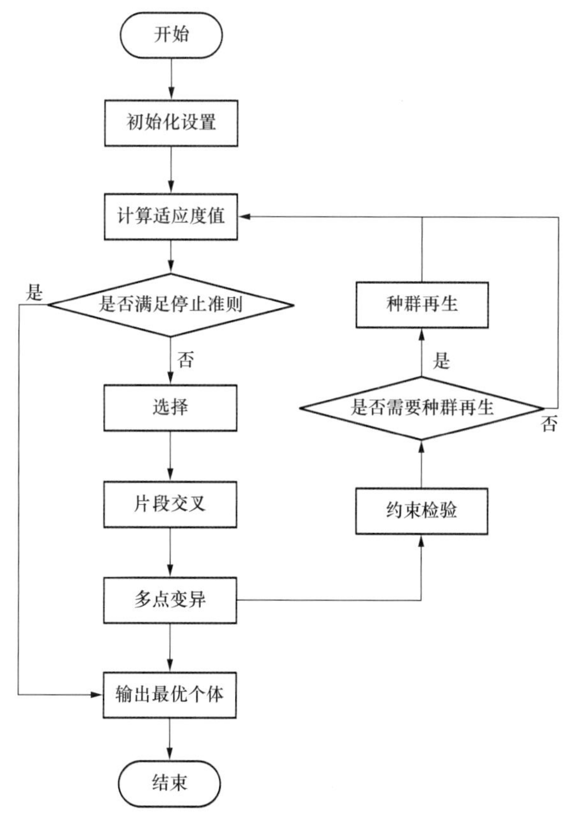

图8-9 遗传算法流程

2. 蚁群算法

蚁群算法是一个模拟群体智能算法，模拟大自然中的蚂蚁群体在搜寻食物时协调合作的流程。蚂蚁群体内部利用个体所分泌的信息素交流，在路线选取时蚂蚁偏好于信息素含量最高的路线，在同样的时间里路线越短信息素含量就越高，而后面的蚂蚁群选取该路线的概率就更大，从而产生了正反馈现象，这样在迭代多次后蚁群能发现最佳路线，避免了局部最优信息素随着时间挥发。

（1）概率选择。采用栅格法构造机器人工作环境，把M只蚂蚁置于起点起始时刻，每个栅格上的信息素相同。蚂蚁选择下一次移动方向，是由启发信息和信息浓度所确定的。设$P_{ij}^{k}(t)$在t时刻蚂蚁m由节点i转移到节点j的概率为

$$P_{ij}^{k}(t)=\begin{cases}\dfrac{[\tau(t)]^{\alpha}\left[\eta_{ij}(t)\right]^{\beta}}{\sum\limits_{S\subset allowed_{m}}\left[\tau_{iS}(t)\right]^{\alpha}\left[\eta_{iS}(t)\right]^{\beta}}, & S\in allowed_{m}\\ 0, & \text{otherwise}\end{cases} \tag{8-58}$$

$$\eta_{ij}=\frac{1}{d_{ij}} \tag{8-59}$$

式中：τ_{ij}为边（i, j）的信息素浓度值大小；$\eta_{ij}(t)$为节点i至节点j的启发信息值，其值为两栅格点之间的距离倒数；α为信息索引因子；β为启发信息指导因子；$allowed_{m}$为栅格点i周围可移动栅格的集合。

（2）信息素更新。在算法完成一次迭代之后，每条路径上都会有信息素残留，为了得到解的多样性和高质量的解，计算更新信息素，具体表示如下

$$\tau_{ij}(t+1)=(1-\rho)\tau_{ij}(t)+\Delta\tau_{ij} \tag{8-60}$$

$$\Delta\tau_{ij}=\sum_{k=1}^{n}\Delta\tau_{ij}^{\ k} \tag{8-61}$$

$$\Delta\tau_{ij}^{k}=\begin{cases}\dfrac{Q}{L_{k}}, & \text{第}k\text{只蚂蚁经过}(i,j)\\ 0, & \text{其他}\end{cases} \tag{8-62}$$

式中：ρ为信息素挥发因子，$\rho\in(0, 1)$，其值越大代表信息素挥发越快，从而直接影响计算结果的收敛速率，其值越小阻碍了算法的全域搜索能力，容易陷入局部最优；$\Delta\tau_{ij}$为蚂蚁完成一次循环之后在点（i, j）上的信息素增量；$\Delta\tau_{ij}^{k}$为蚂蚁k在完成依次循环（i, j）上的信息素增量，L_k为第k只蚂蚁经过节点（i, j）的距离；Q为信息素增强系数，为常量。

3. 粒子群算法

粒子群算法（particle swarm optimization，PSO）仿照自然界鸟群在一片区域内寻

找食物源的场景，首先需要随机生成一组粒子作为一组初始解，其中每一个元素都代表该粒子当前情况下所提出的最优解，另外还需根据目标函数创建适应度函数用以存储当前输出。设种群粒子规模为N，每个粒子按照各自速度进行搜索，再按照粒子自身历史最优位置与种群最优位置来调整搜索方向（速度和位置）。其中粒子位置用$x=[x_1, x_2, \cdots, x_N]$表示，粒子速度用$v=[v_1, v_2, \cdots, v_N]$表示，粒子$i$当前最优解用 表示，而$p_{\text{best}}$为整个种群当前的最优解。在粒子搜索过程中，速度分量v_i与位置分量x_i的更新公式如下

$$v_i^{k+1} = \omega v_i^k + c_1 r_1\left(p_{\text{best}i}^k - x_i^k\right) + c_2 r_2\left(g_{\text{best}i}^k - x_i^k\right) \tag{8-63}$$

$$x_i^{k+1} = x_i^k + v_i^{k+1} \tag{8-64}$$

式中：ω为惯性权重，反映粒子历史速度的影响；c_1、c_2为学习因子，分别反映粒子从自身经验学习及种群经验学习的能力；r_1、r_2是$[0,1]$之间的随机数；k为迭代的次数。

同时，该算法在使用过程中存在约束条件如下

$$x_{\min} \leqslant x_i \leqslant x_{\max} \tag{8-65}$$

$$v_{\min} \leqslant v_i \leqslant v_{\max} \tag{8-66}$$

式（8-65）、式（8-66）表明粒子位置与速度存在上限与下限。位置边界存在是为满足实际问题面临情况，规定在一定范围内寻找最优解；粒子速度若无边界，倘若速度过大，则粒子在搜索过程中容易跨过潜在最优解，导致计算准确度下降；倘若速度过小，粒子极易陷入局部最优，种群全局搜索的能力降低。在粒子速度更新公式当中，若忽略第一项对粒子速度的影响，认为粒子速度更新是没有记忆的，使得其缺乏全局搜索能力并容易陷入局部最优化；若舍去第二、三项，则粒子始终只会沿着同一个方向进行搜索，直至到达位置边界，使得群体错过可能存在的最优点。

种群搜索的最优解的进度用$goalcal(x)$适应度函数来衡量，在粒子位置及速度信息更新后，需要重新计算新状态下个体和群体的适应度函数，比较得到该次迭代后的最优解，并更新粒子最优解和种群最优解，更新依照如下公式进行

$$p_{\text{best}i}^{k+1} = \begin{cases} p_{\text{best}i}^k & f(p_{\text{best}i}^k) \leqslant f(x_i^{k+1}) \\ x_i^{k+1} & f(p_{\text{best}i}^k) > f(x_i^{k+1}) \end{cases} \tag{8-67}$$

$$g_{\text{best}} = \begin{cases} g_{\text{best}} & f(g_{\text{best}}) \leqslant f(p_{\text{best}i}^k) \\ p_{\text{best}i}^k & f(g_{\text{best}}) > f(p_{\text{best}i}^k) \end{cases} \tag{8-68}$$

综上，粒子群优化算法可归结为如下步骤：

1）设定种群规模N，学习因子c_1、c_2，权重ω、r_1、r_2和迭代次数k。

2）进行算法初始化，构建各粒子初始位置与初始速度矩阵。

3）依照当前位置及速度信息与公式（8-63）与（8-64）计算适应度值。

4）更新个体最佳适应度和个体最佳位置。

5）更新种群信息。

6）按照式（8-67）、式（8-68）对个体位置与速度进行下一轮计算。

粒子群算法结构框图如图8-10所示。

根据以上三种启发式算法的实现原理与具体步骤，将服务调度模型目标函数及约束条件分别代入算法内进行模型最优值求解。设置各算法的初始化数据：迭代次数为100代，群体中个体数设置为200个，座席客服数量设置为35人，针对四项业务类型以每分钟为单位模拟话务量大小，以及四类话务量出现的均值与标准差，算法中迭代式子的权重因子使用常用数值，如粒子群算法中c_1、$c_2=2$，三类算法对模型最优值求解并进行归一化处理，三种算法最优值归一化处理结果如图8-11所示。

此三类算法中，收敛所用时间相互接近，但粒子群算法对目标函数的收敛效果最好，能得到更小的函数最优值，故综合考虑选用粒子群算法进行服务调度模型求解。

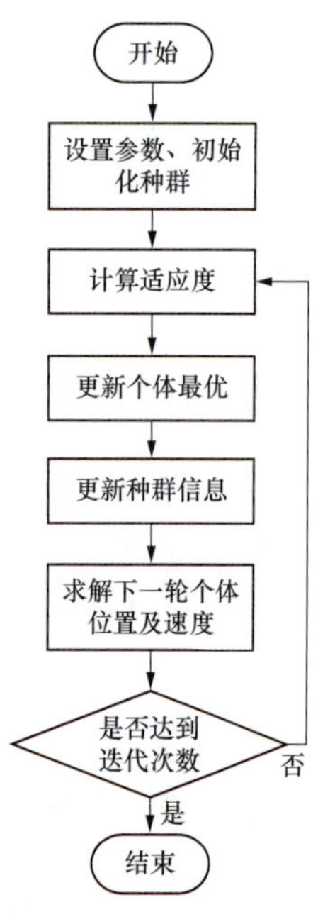

图8-10 粒子群算法结构框图

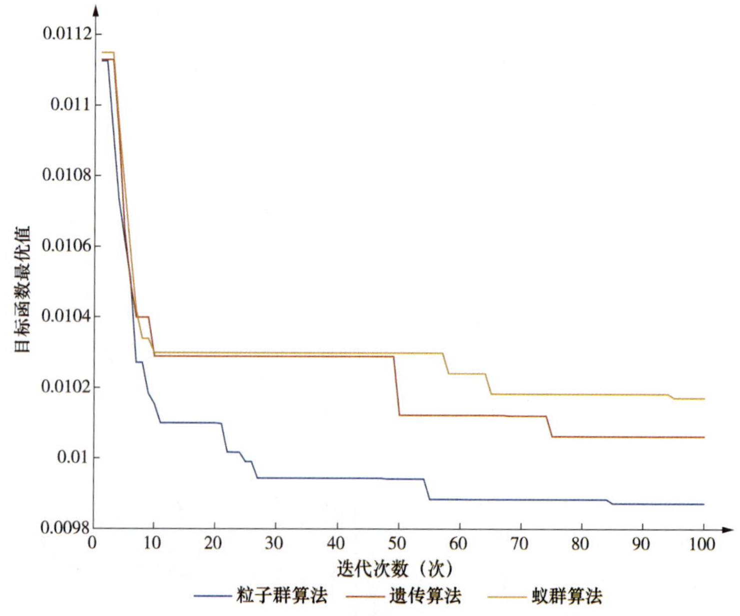

图8-11 三种算法最优值归一化处理结果

8.3.3 建立“需求+数字”双驱动服务调度体系

基于本书所述研究方法与所得结果，“需求+数字”双驱动服务调度体系包括：以座席人员针对每项业务的服务时长为标准，构建人员技能评定模型，并将繁杂多样的技能业务类型聚类为精少的技能组，得到涵盖技能类型与技能水平的座席标签；以技能水平高低为匹配依据，令具有特定业务需求的用户优先匹配至擅长该服务技能的座席；考虑疲劳度与话务量规模，利用综合评价法计算指标权重，对每一班次座席人次进行规划；在座席空余时间中，将知识图谱与业务主动推送相结合，建立考虑繁忙度的增值业务推送模型；将话务接通时长即话务处理时长最小作为目标函数主要考虑因素，选择粒子群算法对班次调度进行求解。客户服务“需求+数字”双驱动服务调度模型如图8-12所示。

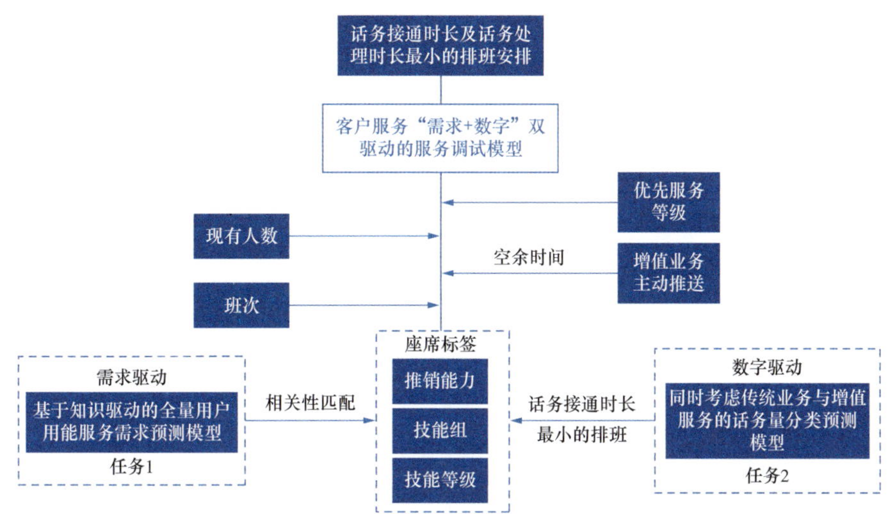

图8-12　客户服务“需求+数字”双驱动服务调度模型

8.4　本章小结

本章对“需求+数字”双驱动服务调度模型进行构建，内容包括：考虑座席疲劳度与时段话务量规模，综合使用层次分析法与熵权法计算指标权重，对每一班次座席人次进行规划；建立考虑应急需求的三段式后备人员规划模型，针对话务量预测偏差较大的客服场景，提供后备客服人员；将知识图谱与业务主动推送相结合，当座席较为空闲时，进行增值服务的主动推送；最后将话务接通时长即话务处理时长最小作为目标函数主要考虑因素，综合比较遗传算法、蚁群算法与粒子群算法的收敛效果，选择粒子群算法对班次调度进行求解。客户服务“需求+数字”双驱动的服务调度模式将有助于提高供电质量和服务效率，进而提升业务服务质量与客户满意度。

参考文献

[1] 魏巍. 我国呼叫中心现状及未来发展趋势探析 [J]. 长春大学学报（社会科学版），2013，(3)：540-543.

[2] 戴韬，李军祥. 带柔性休息时间的多技能呼叫中心班次设计 [J]. 计算机工程与应用，2015，51（19）：226-230+270.

[3] 阎德君. 中国呼叫中心产业发展模式研究 [J]. 数字通信世界，2018（04）：143+147.

[4] Caniato F.，Kalchschmidt M.，Ronchi S.，et al. Clustering customers to forecast demand [J]. Production Planning & Control the Management of Operations，2005，16（1）：32-43.

[5] Billah B.，King M.L.，Snyder R.D.，et al. Exponential smoothing model selection for forecasting [J]. International Journal of Forecasting，2005，22(2)：239-247.

[6] Huang K.Y.，Jane C.J. A hybrid model for stock market forecasting and portfolio selection based on ARX，grey system and RS theories [J]. Expert Systems with Applications，2009，36(3)：5387-5392.

[7] Lee Y.S.，Tong L.I. Forecasting nonlinear time series of energy consumption using a hybrid dynamic model [J]. Applied Energy，2012，94(6)：251-256.

[8] Zhu B.，Wei Y. Carbon price forecasting with a novel hybrid ARIMA and least squares support vector machines methodology [J]. Omega，2013，41(3)：517-524.

[9] Kück M.，Scholz-Reiter B.，Freitag M. Robust methods for the prediction of customer demands based on nonlinear dynamical systems [J]. Procedia CIRP，2014，19：93-98.

[10] 陈国彬. 基于ARMA和卡尔曼相结合的实际流量预测模型的研究 [J]. 控制工程. 2014，21（06）：962-965.

[11] Monidipa Das，Soumya K. Ghosh. semBnet：A Semantic Bayesian Network for Multivariate Prediction of Meteorological Time Series Data [J]. Pattern Recognition Letters.，Volume 93，2017：192-201.

[12] Dmitriev B. F., Cherevko A. I., Kuz'min I. Yu. Comparative Analysis of a Three-Level Autonomous Inverter and an Autonomous Inverter with a Transformer with a Rotating Magnetic Field in Emergency Modes of Functioning [J]. Russian Electrical Engineering, Volume 92, Issue 10, 2021: 589-597.

[13] 李欣. G电力抢修呼叫中心排班管理研究 [D]. 天津大学, 2020.

[14] Robbins T R, Harrison T P. A stochastic programming model for scheduling callcenters with global Service Level Agreements [J]. European Journal of Operational Research, 2010, 207 (3): 1608-1619.

[15] Harrison T P, RobbinsT R. A stochastic programming model for scheduling call centers with global service level agreements [J]. European Journal of Operational Research, 2010, 207: 1608-1619.

[16] Dietz D. Practical scheduling for call center operations [J]. Omega, International Journal of Management Science, 2011, 39: 550-557.

[17] Rahimian E, Akartunalı K, Levine J. A hybrid Integer Programming and Variable Neighbourhood Search algorithm to solve Nurse Rostering Problems [J]. European Journal of Operational Research, 2017: 411-423.

[18] Adhi A, Santosa B, Siswanto N. A meta-heuristic method for solvingrostering problem: crow search algorithm [J]. IOP Conference Series: Materials Scienceand Engineering, 2018, 337 (1).

[19] 张文成. 基于启发式算法的机组排班优化研究 [D]. 上海工程技术大学, 2021.

[20] 黄秀彬, 吴佐平, 李玮, 等. 客服中心排班优化问题建模及研究 [J]. 信息技术, 2020, 44 (02): 135-138.

[21] 吴啊峰. 基于列生成启发式的电动公交车调度与司机排班问题研究 [D]. 合肥工业大学, 2021.

[22] 邹政达, 孙雅明, 张智晟. 基于蚁群优化算法递归神经网络的短期负荷预测 [J]. 电网技术, 2005 (03): 59-63.

[23] 牛东晓, 马天男, 王海潮, 等. 基于KPCA和NSGA Ⅱ优化CNN参数的电动汽车充电站短期负荷预测 [J]. 电力建设, 2017, 38 (03): 85-93.

[24] F. Zamora-Martínez, P. Romeu, P. Botella-Rocamora, et al. On-line learning of indoor temperature forecasting models towards energy efficiency [J]. Energy & Buildings, Volume 83, 2014: 162-172.

[25] 陈自振, 崔庆炜, 李惠勇, 等. 考虑DGA数据不平衡性的电力变压器

IACGAN故障诊断方法［J］. 自动化与仪器仪表，2023（06）：248-253.DOI：10.14016/j.cnki.1001-9227.2023.06.248.

［26］韩朝怡，连高社. 基于数据的不平衡样本最优化预测模型［J］. 山西大同大学学报（自然科学版），2023，39（03）：31-35.

［27］宋彦楼，张江南，吴坡，等. 合并单元“错误角差修正”造成数据异常的分析验证［J］. 河南电力，2023（S1）：16-20. DOI：10.19755/j.cnki.hnep.2023.s1.014.

［28］陈天立. 基于孤立森林算法的10 kV配电网故障自动定位方法［J］. 自动化应用，2023，64（11）：196-198.

［29］杨黎娜，姚凯学，何勇，等. 基于SmoteEnn＿XGBoost模型的路况感知方法研究［J］. 智能计算机与应用，2021，11（11）：137-142+147.

［30］杨峰，罗尉丹，李仰杰. 基于量子竞争决策算法的电力营销信息多标签分类方法［J］. 微型电脑应用，2023，39（03）：100-103.

［31］高旭. 基于多标签分类器的含未知类型电能质量复合扰动识别［D］. 东北电力大学，2022.

［32］康峰，谭火超，苏立伟，等. 结合特征优选与双向长短期记忆网络的用能服务需求预测研究［J］. 上海交通大学学报，1-21［2023-12-24］.

［33］陈臣鹏，赵鑫，毕贵红，等. 基于Kmeans-VMD-LSTM的短期风速预测［J］. 电机与控制应用，2021，48（12）：85-93.

［34］黄冠杰. 基于Canopy-Kmeans算法的电力企业流量数据分析研究［J］. 信息技术与网络安全，2022，41（01）：18-22.

［35］曹玉东，陈冬昊，曹睿，等. 融合Mask R-CNN的在线多目标行人跟踪方法［J］. 计算机工程与科学，2023，45（07）：1216-1225.

［36］王晓霞，俞敏，冀明，等. 基于气候相似性与SSA-CNN-LSTM的光伏功率组合预测［J］. 太阳能学报，2023，44（06）：275-283.

［37］杨信强，李振华，钟悦，等. 基于变分模态分解和CNN-GRU-ED的超短期互感器误差预测［J］. 电力系统保护与控制，2023，51（12）：68-77.

［38］Sun F，Huo Y，Fu L，et al. Load-forecasting method for IES based on LSTM and dynamic similar days with multi-features［J］. Global Energy Interconnection，2023，6（03）：285-296.

［39］赵雅婷，景超，张兴忠. 基于多重注意力的双通道超短期风电功率预测［J］. 电网技术，2023，47（07）：2887-2897.

［40］谢小瑜. 可再生能源超短期发电功率预测的深度学习方法研究［D］. 华南理工大学，2021.

［41］谢小瑜，周俊煌，张勇军，等.基于W-BiLSTM的可再生能源超短期发电功率预测方法［J］.电力系统自动化，2021，45（08）：175-184.

［42］黄雪婷.基于SARIMA和CNN-LSTM组合模型的呼叫中心日话务量预测研究［D］.南京邮电大学，2022.

［43］赵龙，周源，李飞，等.基于XGBoost算法的座席话务量预测［J］.现代信息科技，2021，5（22）：86-88+91.

［44］曹龙春.面向长期多步话务量的预测算法研究［D］.浙江工业大学，2020.

［45］龙干，黄媚，方力谦，等.基于改进多元宇宙算法优化ELM的短期电力负荷预测［J］.电力系统保护与控制，2022，50（19）：99-106.

［46］覃浩，苏立伟，伍广斌，等.基于集成学习和卷积神经网络的电网客服短期话务量预测［J］.上海交通大学学报，1-16［2023-12-24］.

［47］黄国权，严玉婷，李晖，等.基于二重分解的行业用户短期日电量预测建模［J］.南方电网技术，2022，16（11）：37-45.

［48］黄国权.考虑大用户用能特性的短期电量分解预测［D］.华南理工大学，2022.

［49］王煜尘，窦银科，孟润泉.基于模糊C均值聚类-变分模态分解和群智能优化的多核神经网络短期负荷预测模型［J］.高电压技术，2022，48（04）：1308-1319.

［50］王彩霞，时智勇，梁志峰，等.新能源为主体电力系统的需求侧资源利用关键技术及展望［J］.电力系统自动化，2021，45（16）：37-48.

［51］刘一，周威，金际航，等.基于Mean Shift模型的多粗差探测RAIM算法［J］.系统工程与电子技术，2022，44（02）：644-650.

［52］杨茂，张书天，王天硕，等.基于IKLIEP-四分位模型的风电场异常数据识别算法［J］.高电压技术：1-13［2023-07-26］.

［53］李冬梅，杨宇，孟湘皓，等.多标签分类综述［J/OL］.计算机科学与探索：1-16［2023-07-26］. https：//kns-cnki-net.webvpn.scut.edu.cn/kcms/detail/11.5602.TP.20230627.1225.003.html.

［54］谭刚，陈聿，彭云竹.融合领域特征知识图谱的电网客服问答系统［J］.计算机工程与应用，2020，56（03）：232-239.

［55］张雪莹，赖来源，曾庆彬，等.基于模糊评价的智能用电新技术成熟度模型［J］.广东电力，2022，35（03）：69-78.

［56］Shahnazari-Shahrezaei P，Zabihi S，Kia R. Solving a multi-objective mathematical model for a multi-skilled project scheduling problem by particle swarm optimization and differential evolution algorithms［J］. Industrial Engineering & Management Systems，2017，

16 (3): 288–306.

[57] Gong Y J, Li J J, Zhou Y, et al. Genetic learning particle swarm optimization [J]. IEEE transactions on cybernetics, 2015, 46 (10): 2277–2290.

[58] Hashmi S A, Ali C F, Zafar S. Internet of things and cloud computing-based energy management system for demand side management in smart grid [J]. International Journal of Energy Research, 2021, 45 (1): 1007–1022.